2訂版

これでわかる！

実例火災調査書類

車両火災編

編著　名古屋市消防局

東京法令出版

はしがき

　車両火災は 2001 年をピークに近年は減少傾向にありますが、車両自体に新しい技術が次々と盛り込まれる中、その構造も複雑化してきています。車両火災の調査は、一般的な建物火災とは別の視点で行わなければならない場合もあるでしょう。また、車両は、私たちの身近に大量にありますから、火災予防の見地からもその火災調査は大変重要だと言えます。しかしながら、車両火災の調査については、資料も乏しく、車両火災に特化した実用的な解説書を手にする機会にはなかなか恵まれないのが現状ではないでしょうか。そこで、少しでも皆さんのお役に立てるよう、車両火災に特化した本著を取りまとめた次第です。

　発行に当たり、基本的な事項や法的根拠だけでなく、できるだけ現場で活動している調査員がすぐに応用できるよう、現場に即した視点で具体的な事例を多く盛り込むよう配慮し、【実例ノート】として具体例を解説つきで掲載しています。さらに、写真や図などもできるだけ多く掲載するようにしました。

　本著が火災調査に携わる皆様の一助となれば幸いです。

名古屋市消防局

目 次

はしがき

第1講　車両火災 ………………………………………………… 1

構造等 ……………………………………………………………… 2

車両火災の特徴 …………………………………………………… 4

車両火災出動時の調査 …………………………………………… 5

車両火災の見分を行うための準備 ……………………………… 5

り災車両を現場から移動する場合 ……………………………… 7

焼けの強弱の比較 ………………………………………………… 7

第2講　車両火災における質問事項 ………………………… 11

メーカー・車種・年式・型式・車台番号を調べる ………… 11

購入年月日・初年度登録年月日などを確認する …………… 12

販売店・レンタル会社などを確認する ……………………… 12

輸入方法を確認する（外国車の場合）……………………… 12

車検・点検・修理について確認する ………………………… 13

修理・改造・後付部品について調べる ……………………… 14

走行時の状況 …………………………………………………… 15

出火直前直後の状況 …………………………………………… 16

第3講　電気系からの出火 …………………………………… 19

車両における電気の特徴 ……………………………………… 19

車両の配線 ……………………………………………………… 21

バッテリー ……………………………………………………… 26

オルタネーター ………………………………………………… 28

デストリビューター …………………………………………… 28

ハイテンションコード ………………………………………… 29

後付部品、配線 ………………………………………………… 29

交通事故に起因する出火要因·································· 29

出火箇所の絞り込み····································· 30

第4講　燃料系、排気管系からの出火 ······················ 31

燃料系··· 31

燃　料··· 32

エンジンオイル······································ 34

ブレーキフルード···································· 35

ATF ··· 36

パワーステアリングフルード·························· 37

ギアオイル·· 38

着火物と発火源の関係································ 38

排気管系·· 38

エキゾーストマニホールド···························· 39

エキゾーストマニホールドへの滴下実験················ 39

触媒装置·· 41

ラン・オン現象······································ 43

マフラー·· 43

逆　火··· 44

過レーシング·· 44

第5講　放　火 ···································· 47

車両内部への放火···································· 47

車両外周部への放火·································· 50

放火の場合の質問事項································ 51

地理的状況の確認···································· 52

第6講　その他の火源 ······························ 53

たばこ··· 53

ライター·· 56

収れん··· 57

水　没··· 58

実例ノート

No.1　エンジンルームに置き忘れたウエスから出火…………　63

No.2　改造車からの出火……………………………………………　72

No.3　逆　　火……………………………………………………………　84

No.4　駐輪場内の放火……………………………………………………　92

No.5　シートレールにはまり込んだライターから出火…………　99

コラム

リコール……………………………………………………………………　6

改善対策……………………………………………………………………　6

サービスキャンペーン……………………………………………………　6

オイルエレメント取付け不良により、走行中にエンジンオイルが

漏洩し出火した事例……………………………………………………　46

車両前照灯（ハロゲンバルブ）の取付け不良による火災事例………　59

ブレーキペダルの不具合による火災事例………………………………　60

第1講 車両火災

　車両火災は、一般に焼損面積も算定されませんし、火災の規模も小さいものがほとんどのため、どちらかと言えば火災調査について軽視される傾向にあるようです。消防本部によっては、建物火災は専従調査員が受け持つが、車両火災は出動した隊員が作成することが多いとも聞きます。新人に「まずは車両火災から書いてみろ」という指導をするかもしれません。つまり、車両火災の火災調査は比較的簡単だと考えている人が多くいるようなのです。はっきり言って、これは間違いです。

　車両火災の火災調査は、さまざまな分野の専門知識に基づく高度な調査技術を必要とします。なぜなら、車両は複雑な内燃機関が組み込まれています。その調査は工場やプラントのそれと変わりありません。燃料を内包していますから、危険物についての知識も必要です。電気配線が縦横無尽に走り回っており、高電圧も使用されています。また、車両は生活空間そのものとも言えます。微小火源や人的な失火もいくらでも起こり得ます。放火に至っては絶好のターゲットです。事故が起これば、想像のつかないような現象すら起こります。つまり、車両火災はさまざまな火災の形態を含んでいるのです。車両火災の見分がしっかりできれば、ほとんどの建物火災の見分ができると言っていいでしょう。

　また、車両は私たちの身近にあまりに多量に存在します。火災に見舞われる例も増えますし、社会的影響も多大にあります。同様の火災の発生を防ぐという火災調査の使命を考えれば、同型が大量に生産される現在の状況では欠陥や火災発生誘因が判明したら直ちにリコールなどの対処を働きかけなければなりません。

　車両火災は、電気、危険物、微小火源などあらゆる火災原因の調査技術を必要とするのです。

構造等

　車両火災を調査するに当たり、車両の構造を理解しなければなりません。また、車両には数多くの部品が使われていますが、その名称についても把握しておく必要があります。自動車用語について解説した書籍などをそろえておくとよいでしょう。車両のパンフレットや整備マニュアルも有益な資料となります。
　車両の構造を大まかに分けると次のようになります。
　・エンジン部
　・動力伝達装置
　・サスペンションと車輪
　・ステアリング装置
　・制動装置
　・電気系統
　・車室部
　それぞれの構造ごとに特徴的な出火要因があります。構造についての詳しい説明は、それぞれの出火機構に沿って行うことにして、ここでは、それぞれの構造部からの出火の可能性について簡単に示しておきます。

エンジン部

　エンジン部にはエンジン本体と給排気関係、燃料関係の各装置と、バッテリーや点火装置など電気系統、オイルなどを使用する潤滑装置などがあります。

　これらの出火要因は容易に想像できると思います。給排気系統では、排気系統が高温となりますし、危険物である燃料やオイルへの着火、電気スパーク、短絡など、出火に至る要素は非常に多いと言えます。

動力伝達装置

　車両は、走行するためにエンジンの回転をタイヤへと伝達します。このどこかでトラブルが発生すれば、この回転は高い摩擦熱を発生させ出火に至ることがあります。また、トランスミッションはフルードで満たされており、オートマチック車などは高温となったフルードを冷却するため、ラジエターへ配管されています。配管からフルードが漏れれば出火要因となります（なお、フルードとは「流体」の意味で、「オイル」に置き換えて呼ばれるものもあります）。

サスペンションと車輪

　これらからの出火の可能性は比較的小さいです。しかし、車輪は回転していますので、摩擦熱による出火要因があります。パンクしたまま走行していたら出火したというような例があります。

ステアリング装置

車両は、パワーステアリング装置を備えているものがほとんどです。パワーステアリング装置は、油圧によりステアリング操作をアシストするもので、ステアリングを大きく切ったときなどは配管に圧力がかかります。配管からフルードが漏れれば出火要因となります。

なお、電動パワーステアリングの場合はモーターの力でステアリング操作をアシストし、通常フルードを使用しませんが、一部に油圧とモーターが併用されている車種もあります。

制動装置

ブレーキもパワーアシストされているものがほとんどです。ステアリング装置と同様に配管からのフルード漏は出火要因となります。また、ブレーキは摩擦により制動を行いますので、摩擦熱も発生します。

電気系統

乗用車のほとんどは、直流12ボルトを使用します。車両は発電装置を持ち、電気を蓄え、消費します。また、点火装置などは高い電圧（約2〜4万ボルト）を使用します。回路の短絡、接触不良など電気的トラブルが出火につながるのは建物火災と同じです。さらに車両の場合、燃料などを着火させる火花の発生も見逃せません。

車室部

車室は、生活空間そのものと言ってよいでしょう。たばこなどの微小火源も存在しますし、さまざまな着火物も持ち込まれています。電装部品も多く電気による出火要因もあります。

車両火災の特徴

このようにさまざまな出火要因が存在することがその特徴と言えますが、火災調査を行う上ではさらに次のような特徴があります。

・使用状況が明確である場合が多い。

・修理、改造などの記録がある場合が多い。

第1講　車両火災　5

・出火直前の状況を目撃している場合が多い。

　つまり、出火時は走行中であったか、停車中であったか、運転中おかしなことはなかったか、車検を始めとする点検整備はどうであったかなどを調べることで、有力な情報を得ることができるということです。

　さらに次のようなことも言えます。

・同型車を用意すれば復元状況が容易に確認できる。

・分解などに専用の工具を必要とする。

・り災物件を移動することができる。

　これらを考えると、見分を行う場合には、同型車の手配、工具やジャッキなど設備が整っている場所において実施する必要があることになります。

　車両火災見分の留意点

　車両火災の出火要因と特徴がわかってくれば、おのずと見分要領も見えてきます。ここで、改めて見分時の留意点についてまとめてみます。

車両火災出動時の調査

　火災出動時には次の点に留意します。車両火災といえども基本的な調査項目は変わりません。

・焼損部品を破損しないように注意（噴霧注水等を活用）して消火活動を実施する。

・関係者を確保し、情報収集を行う。

・周囲にいた目撃者からの情報収集を行う。

・多方面からの写真撮影を行う。

車両火災の見分を行うための準備

　車両火災は火災現場での調査が困難な場合があります。幹線道路などでは車両はすぐに移動させなければなりません。逆に考えれば、火災現場が移動可能なのですから、設備の整った別の場所で行うことも容易だと言えます。前述のように車両火災の見分には工具などが必要だということを考えれば、できる限り別の場所で改めて見分を行うようにするべきでしょう。

改めて見分を行う場合は、次の点に留意して準備を進めます。

・調査場所の選定

・調査資機材の準備

・り災車両の資料・車歴・情報の収集

・メーカーリコール等情報の確認

・関係者の立会いの確認

・メーカーの立会い

調査場所については、り災車両をリフトアップ可能であること、工具の揃っていること、同型車又は資料が確認できること、安全が確保される空き地があることなどを考えて選定します。具体的には、自動車販売の営業所、自動車整備・修理工場、解体工場などが理想的です。消防署では、これだけの条件が揃いません。メーカーや販売会社などへの協力を求めることになるでしょう。ただし、移動することが、り災者の負担（レッカー料金等）になる可能性があることを、あらかじめ説示する必要があります。

コラム

リコール

リコールとは、同一の型式で一定範囲の自動車等又はタイヤ、チャイルドシートについて、道路運送車両の保安基準に適合していない又は適合しなくなるおそれがある状態で、その原因が設計又は製作過程にあると認められるときに、自動車メーカー等が、保安基準に適合させるために必要な改善措置を行うことをいいます。

改善対策

改善対策とは、リコール届出と異なり、道路運送車両の保安基準に規定はされていないが、不具合が発生した場合に安全の確保及び環境の保全上看過できない状態であって、かつ、その原因が設計又は製作過程にあると認められるときに、自動車メーカー等が、必要な改善措置を行うことをいいます。

サービスキャンペーン

サービスキャンペーンとは、リコール届出や改善対策届出に該当しないような不具合で、商品性・品質の改善措置を行うことをいいます。

り災車両の資料・車歴などは、自動車車検証及び定期点検整備記録簿の確認のほか、過去の修理履歴、リコール及び改善対策（以下「リコール等」）措置実施の有無、改造・後付装置の有無などについても確認します。自動車関係のリコール等情報は、インターネットでも確認できます。車両火災が発生したら、必ずリコール等情報の確認を行うようにしましょう。

り災車両を現場から移動する場合

り災車両を現場から移動する場合にも注意が必要です。写真撮影は当然ですが、次の点にも留意します。
・基準点（電柱等）を決め、タイヤの位置を測定し図面に記録する。
・焼き落下物の位置を確認する。
・ロープ等により範囲を明らかにする。
・レッカー移動する際には、車両底部の写真撮影を行う。

特にレッカー移動の際は、車両を持ち上げるので、底部の写真撮影をする貴重なチャンスと言えます。

図1　ボディ鋼板の焼損による変色の差

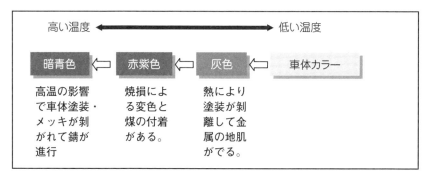

焼けの強弱の比較

建物火災と同様に、焼けの方向性を示すには、焼けの強弱の比較を行います。

各部ごとの注目点は次のとおりです。

写真1-1　車両外周部の焼き状況

外周部
・外周部の両サイドのフロントとリアを比較する（ボンネット・フェンダー・ドア・ルーフなど）。
・タイヤの前後左右を比較する。
・ボンネットの表側と裏側を比較する（出火箇所に近い部分に強い焼きがある）。
・バンパー等の合成樹脂部分は、原形・煤け・溶融・炭化・焼失と表現し比較する。

底部
・前後左右を比較する。
・焼き範囲を確認する。
・底部から上部へと焼きがつながって拡大している部分（出火箇所に近い場合が多い）に注目する。

車室内
・各シート、天井、床、ドアの内張りなどを比較する。
・原形・煤け・溶融・炭化・焼失と表現し比較する。

エンジンルーム
・エンジンルームを4分割し、平面的な焼けの方向を比較する。

第1講 車両火災 9

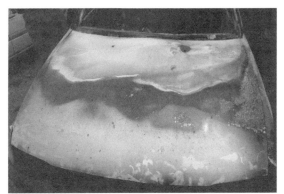

写真1-2　ボンネットの焼き状況

写真1-3　車両室内の焼き状況

写真1-4　エンジンルームの焼き状況

・焼けの高さに注目し比較する。
・樹脂製のものは、原形・煤け・溶融・炭化・焼失と表現し比較する。
・金属製のものは、煤け・変色・焼きと表現し比較する。
・電気配線は、被覆の溶融・炭化・焼失と表現し比較するほか、緑青の発生状態にも注目する。

第2講 車両火災における質問事項

　第1講では、車両火災を調査するために必要な知識として、その構造と出火要因などについて説明しました。また、車両火災の特徴として、使用状況が明確である、修理改造などの記録がある、出火直前直後を目撃した者がいる、といったことがあるとも説明しました。これらの情報は、質問調書という形で火災調査書類に残すことになります。

　どのような火災でも、実況見分時には、発見者、関係者などに質問をし、情報を得なければなりませんが、出火時にその場に居合わせた者がおり、その人から詳しい情報が得られるなどということは、建物火災などの場合、めったにありません。しかし、前述のように、車両火災については、運転者などから情報を得ることが可能です。駐車中の車両であっても、建物火災と違い、出火直後に発見・覚知するケースが多いので、初期の火災性状、延焼の状況などの情報を発見者から得ることができます。また、出火までの車両の使用状況、管理状況についても容易に確認できるでしょう。

　これらの情報は火災調査において非常に有効なのは言うまでもありません。言い換えれば、車両火災については、質問すべき項目をしっかり把握しておかなければ、効果的な調査を行うことができない、ということなのです。

メーカー・車種・年式・型式・車台番号を調べる

　初めに、り災車両の車歴を確認します。これは質問に頼らなくとも確認できるでしょう。車の車種、年式や型式は、車検証などで確認できます。型式は、エンジンルームなどに番号を打ち込んだプレートがリベットなどで取り付けられているので確認してください。これらがわからなくても、ボディに打たれた車台番号（フレーム番号）、エンジンに打たれた番号などをメーカーに問い合わせれば確認することができるでしょう。年式及び型式、車台番号

は、リコール等の確認にも必要なので必ず調べてください。

購入年月日・初年度登録年月日などを確認する

　車種、型式などが判明したら、所有者に対し、購入時期、初年度登録年月日などを質問します。車検証などに記載されている情報とは別に、実際に使用していた時期はいつからなのか、という観点で調べるのです。中古車などに多いのですが、2か月前に友人から購入したが、手続きは行っていない、などということもあるからです。

販売店・レンタル会社などを確認する

　購入先を確認します。レンタル車の場合もあるでしょう。最近は、リース契約というのも増えています。このような情報も確認します。販売店などの判明は、第1講で説明したように調査場所の提供などについて協力を求めることなどにもつながります。また、後述する輸入方法の確認にも役立ちます。

輸入方法を確認する（外国車の場合）

　外国車の場合、ディーラー（正規輸入代理店）により輸入されたものか、個人又は販売会社などが独自に輸入（並行輸入）したものかを確認します。車種によっては、同じ年式・車種であっても全く別の車と言っていいくらい中身が違うこともあります。

　その車がどのように輸入されたのか、所有者にはわからないこともあります。この場合は、まず販売会社に確認しましょう。販売会社関係者から質問調書を取ってください。それでもわからない場合は、正規輸入代理店に問い合わせます。型式と車台番号を確認すれば、当該代理店が扱ったものか否かがわかります。

写真2-1 型式・車台番号などを記したプレート

写真2-2 フレームに刻印された車台番号（フレーム番号）

写真2-3 型式・車台番号などの確認

車検・点検・修理について確認する

　いつ車検を受けたか、最近修理を行ったかなどを質問します。ガソリンスタンドなどで点検を行う場合もありますので、細かな点検の有無もしっかり確認します。オイル交換などを行っているかもしれません。一般的にこれらの点検は車両の不調、異状などの否定要素となりますが、点検をしたために出火要因となってしまったという例もあります。どこを点検・交換・修理したのか、必ずチェックしてください。必要に応じて点検者などからも質問調

書を取ります。
　点検などにより出火要因を作ってしまった例としては、次のようなものがあります。
・ウエス（布）をエンジンルームに置き忘れたために、ウエスが排気管に触れ着火した。
・オイルエレメントを交換した際の取付け不良から、走行時にオイルが漏れ、排気管にかかり出火した。

修理・改造・後付部品について調べる

　修理した部分は一般的に出火の可能性が増加します。改造した部分はなおさらです。修理したことはあるか、あればそれはどこか、いつごろかを確認します。改造についても同様ですが、所有者自身、中古車で購入したため、改造されているかどうか知らないといった場合もあります。この場合も販売店、メーカーなどに問い合わせて確認します。また、同型車や、メンテナンスマニュアルなどの写真、図を確認して、改造の有無や部品の追加などを確認することもできます。
　後から個人又は店舗でオーディオやフォグランプなどを取り付けることも多くあるでしょう。電気製品を後から取り付けた場合、その配線が出火要因となることがあります。車両内は振動がつきものですので、不用意に配線し

てあるとボディなどに擦れて短絡を招きます。また、配線工事そのものが不正であり、ヒューズ（ヒュージブルリンク）を介さない状態であったり、規格以上の電流を扱う状態で配線したりするような配線は、いつ出火してもおかしくないと言えるでしょう。車両を見分して、わからない配線や、メンテナンスマニュアルなどにない配線があった場合には、関係者だけでなく販売者やディーラーにも質問します。

　改造部品は電気関係に限りません。排気系、オイル系にも改造が施されることがあります。

　ここまでは、車両そのものの状態を知るために、見分とともに確認する事項を示しました。次は、直接運転者に質問する内容を考えてみます。

走行時の状況

　走行中又は走行直後の車両から出火した場合には、運転者からの情報が有益です。車両から出火したということは、その車両に何らかの異状が起こった可能性が高く、その際、出火直前に何か前兆を起こすことが考えられます。そこで、走行中に前兆がなかったかどうかを質問することになります。

　まずは走行を開始した時間、停車・駐車した時間を確認します。

　次に、走行時間、走行距離などを確認します。高速道路を走行したか、山道を登ったかなどについても確認します。高速走行や登坂走行時にはエンジンや排気管などは特に高温となるので、出火時にこれらの状況を判断する材料となります。

　エンジンの音が何だか大きくなった、エンジンがうまくかからない、急に力がなくなったなどの不調についても注目します。異音は、潤滑がうまくいかない（オイルが漏れている？）、部品が欠損したなどの前兆です。力がなくなったと感じるのは、プラグの点火不良や、排気障害などが考えられます。もしかしたら、燃料の供給がうまくいっていないのかもしれません。プラグ点火不良は触媒の過熱要因となりますし、燃料の供給不良は燃料が漏れているのかもしれません。燃料が漏れた場合はかなり異臭がします。異臭の有無やおかしな振動などにも注意します。

出火直前直後の状況

　出火直前の異状は出火原因、出火箇所の判定に大きなヒントとなります。出火時の車両の状況と合わせてチェックすべき出火要因を絞り込むことができます。

　出火直前の状況と可能性の高い出火要因の組み合わせの例として、次のようなものが考えられます。

・大きな音とともにボンネットの縁から炎と煙が噴出した。
　　　⇩
　　ガソリンに着火した。

・ボンネットから白い煙が多量に噴出した後、炎が噴出した。
　　　⇩
　　ATF（オートマチックトランスミッションフルード）、パワーステアリングフルード、ブレーキフルードのいずれかが、排気管などの高温体にかかった。

・ステアリングが急に重くなり、白い煙が噴出した後、出火した。
　　　⇩
　　パワーステアリングフルードが漏れた。

・ブレーキが急に効かなくなったと思ったらボンネットから火が出た。
　　　⇩
　　ブレーキフルードが漏れた。

・突然クラクションが鳴り出したり、ワイパーが動いたりしたのであわてて駐車すると、ダッシュボード付近から煙が出ていた。

　　　　　⇩

　ステアリング周りの配線に短絡が起こった。

・キャブレター式のエンジンを始動させようとしたが、うまくかからず
　何度かセルモーターを回しているうち、大きな音とともに出火した。
　その際、ガソリン臭がしていた。
　　　　　⇩

　逆火が起こった。

・車内で喫煙した後車を離れたところ、しばらくして車内から出火した。
・灰皿が満杯で閉まりきらなかった。
　　　　　⇩

　たばこの火種が落下、又は、吸殻がくん焼し、無炎燃焼の継続が起こった。

・エンジンがノッキング気味で力が出なかったが、きちんと走行できた
　のでそのまま走っていたら、排気温警告灯が点灯し、コンソールボッ
　クスの下から煙が出てきた。
　　　　　⇩

　着火しないプラグがあり、未燃ガスが排気マニホールドから触媒に
　至り、触媒内部で燃焼したため、触媒の異常過熱が起こった。

　なお、これらはいずれも、注目すべきポイントを示しているにすぎないことに注意してください。このような状況があったとのことで、短絡的に出火原因を判定してはなりません。関係者からの口述内容のみで出火原因を判定してはならないことはこれまで何度も説明しました。これはあくまで、見分を効率よく進めるヒントであると考えてください。また、見分によりこれらの出火原因を判定することができた場合には、このような関係者からの情報は見分を強固に裏付けるものとして活用していけばよいのです。

　このようなことから、出火直前の状況について質問する事項は次のように

なります。

・火災発生・覚知場所
・出火時の走行状態（速度、登坂状態、走行中か、停車中か）
・エンジンの作動状態（エンジンがかかっていたか、止まっていたか）
・火災発生時の煙、炎の発生箇所
・火災発生時の煙、炎の色、状態
・火災発生時の爆発音の有無
・電装部品の使用と異状の有無
・警告灯などの作動状況
・喫煙習慣の有無と車内での喫煙状況
・ライターの使用状況と個数、位置

　また、消防隊が到着するまで、運転手、発見者はり災車両を見守ることになります。もしかしたら、消火行為のほかにもり災車両に対し何らかの行為を行っているかもしれません。ですから、出火直後の状況として次の項目も確認するようにします。

・火災に気がついてから車両停止までの走行距離、時間
・エンジン停止行為の有無
・ボンネット開放行為の有無
・消火行為の有無と消火方法・消火位置
・延焼状況（方向、経路、一気に広がったか、ゆっくり広がったか）

　このように車両火災の場合は、関係者に質問し確認する事項が、その規模の割には大変多いということがわかります。しかし、これはそれだけ有益な情報が多くあり、火災原因・出火箇所判定に至る確認ポイントが明確であることを示しているのです。車両火災に限らず、確認すべきポイントを現場でしっかりチェックしておけば、火災調査書類の作成はずっと楽になるのです。

　さて、ここまでの説明は、関係者が出火時又はその直前まで車両を運転していたということを前提に進めてきました。しかし、車両火災の原因として多くを占める「放火」については、少々確認ポイントが変わってきます。放火による車両火災の質問項目については、第5講を参照してください。

第3講 電気系からの出火

　第1講では、構造ごとに特徴的な出火要因について簡単に説明しましたが、本講からは出火要因を電気系、燃料系、排気管系、放火と分けてさらに詳しく説明していきます。解説ですので、初動時から決め打ちのような形になってしまいますが、実際の調査においては、あらゆる発火源について検討を行うことを忘れないでください。

車両における電気の特徴

　車両に設置されている電装品は、一般家庭などの電気機器などとは大きく異なります。車両では、電源の供給を直流12ボルト（普通乗用車の場合）で行っています。直流ですから、電気はバッテリーなどのプラス側から一方通行でマイナス側に流れていくのです。そして、車両では、配線を減らす工夫として、マイナス側へ至る配線にボディを使っています。つまり、マイナス側の配線はボディアースとして配線しているのです。ちょっとわかりにくいので、写真3―1を見てみましょう。これは、ワイパーモーターの電気回路です。バッテリーのプラス側からイグニッションスイッチ、ワイパースイッチを経て、ワイパーモーターに電源が供給されています。そして、ワイパーモーターからバッテリーのマイナス側へと配線されるのですが、このとき、ワイパーモーターからの配線は、バッテリーへ直接配線するのではなく、ボディに配線されるのです。また、バッテリーのマイナス端子もボディと結ばれています。つまり、電気機器のマイナス側の配線はボディそのものを利用していることになります。すべての回路でこのようなことを行えば、電気機器のマイナス側配線はほとんどをボディでまかなうことになるので、配線そのものは大幅に減少することになります。

　車両においては電気機器のマイナス側はボディに配線されている、という

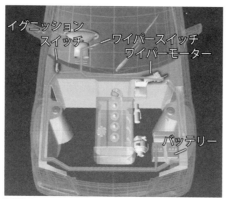

写真3-1　ワイパーモーターの電気回路
『火災原因調査ビデオ講座　自動車火災（構造編）』（一般財団法人消防科学総合センター制作）より

ことを頭に入れておきましょう。

　このような配線方法は、火災の見分時に一般家庭などとはちょっと違った様相を示します。例えば、家電製品の電源コードは、隣り合った2本のコードは電位が異なりますので、被覆が損傷するなどして接触すれば短絡が起こり、短絡痕ができます。しかし、車両の配線は、一般に隣り合う配線の電位は同位なので、接触しても短絡は起こらず、短絡痕もできません。車両で短絡が起こるのは、電気機器に至る前のプラスの配線と電気機器のマイナス側の配線が接触した場合です。そこで問題になるのが、先ほどのボディアースです。ボディはすべてマイナス配線なのですから、車両配線での短絡は、プラス配線とボディが接触することで起きてしまうのです。

　一般に、電気による出火が疑われた場合、溶痕の有無を確認することになります。車両の場合は、配線とボディが接触する部分に注目します。短絡が起こった場合、溶痕（短絡痕）ができる場合が多いからです。溶痕はボディにも残ります。しかし、隣り合った配線同士の接触による短絡痕を探しても見つからないはずです（電位が異なる線が平行して配線されていることはまれですが、この場合は回路の確認、後付配線の状況などから判断していきます）。このほかにも、車両における電装品の特徴としては、発電機（オルタネーター）、蓄電池（バッテリー）、高電圧発生装置（点火コイルなど）などが挙げられます。これらの機器は、それぞれ特徴的な発火要因を内包しています

が、その見分ポイントは後段で別に説明します。

車両の配線

　前段で車両の配線について説明しましたが、もう少し詳しく見ていきましょう。

　車両の配線は束にまとめられ、効率よく敷設されています。これらの配線の束をワイヤーハーネスと呼んでいます。高圧回路と始動回路はワイヤーハーネス内には束ねられておらず、別に敷設されています。

　ワイヤーハーネス内にはさまざまな配線が束ねられています。電線の太さもさまざまです。これらの中には、大きな電流が流れるもの、センサー信号のみに用いられるものなどもあります。ですから、ワイヤーハーネス内の配線がどのような配線なのかを確認することが重要となります。しかし、最近の車両は電気的に複雑化しており、ワイヤーハーネス自体の量も大幅に増えているので、確認はなかなか大変です。そこで配線の色に注目することにします。車両の配線は、回路ごとに使用するサイズ（太さ）、色などが定められています。配線色は表3─1のとおりですので参考にしてください。

表3-1　自動車用電線の配線色

使用される回路	記号	意　　味	地色	補助色	カラー・チューブ
始動、点火、アース回路	B	BLACK	黒	WRGY	WR
充　電　回　路	W	WHITE	白	BRL	BY
照　明　回　路	R	RED	赤	WBGYL	BGR
信　号　回　路	G	GREEN	緑	WBRYL	
計　器　回　路	Y	YELLOW	黄	WBGLR	
ワイパー、ウォッシャー回路	L	BLUE	青	WBR	YGR
付　属　品　回　路	Br	BROWN	茶		
そ　の　他　の　回　路	Lg	LIGHT GREEN	黄緑		

『改訂　火災原因調査要領（放火・裸火・自動車等火災編）』（一般財団法人消防科学総合センター発行）より

一般に車両の配線は図3—1、3—2のようになっています。これを見ると、車両の電気回路は、常時通電されているものと、イグニッションスイッチ（アクセサリースイッチを含む）をONにしたときにだけ通電されるものに分けられます。車両に限らず、電気による出火の検討には、通電立証が不可欠です。その回路に電気が流れていたか、否かを確認しなければなりません。図3—2によれば、常時通電回路とイグニッションスイッチを介した回

図3-1　車両の配線系統①

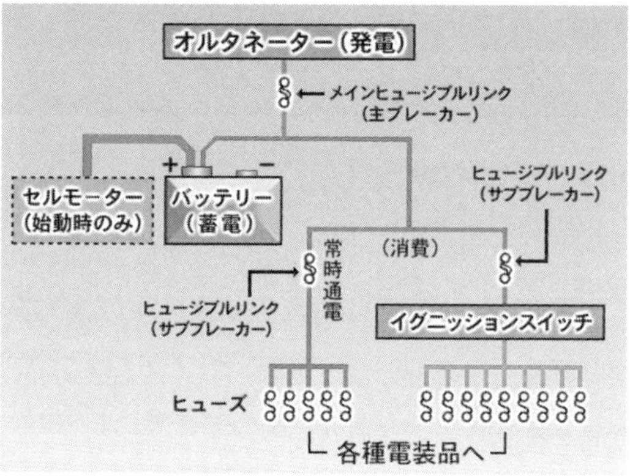

『火災原因調査ビデオ講座　自動車火災（構造編）』（一般財団法人消防科学総合センター制作）より

図3-2　車両の配線系統②

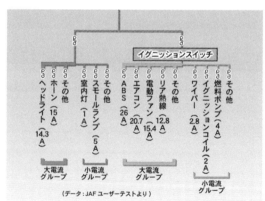

『火災原因調査ビデオ講座　自動車火災（構造編）』（一般財団法人消防科学総合センター制作）より

路にどんな電装品が接続されているかがわかります。

これらはまた、大電流グループと小電流グループに分けられます。電流が多く流れる配線にトラブルがあれば出火に至る可能性は高くなります。どのような電装品が多くの電流を必要とするのかを把握しておくとよいでしょう。

なお、この図の配線以外にもセンサーなどの信号線がありますが、信号線には出火に至るような電流は流れません。

各回路にはヒュージブルリンク、ヒューズ、サーキットブレーカーなどが設けられ、回路の保護が図られています。これらが正常に働けば短絡などが起こっても出火には至らないはずです。ところが、車両には振動がつきもので、そのために短絡が断続的に起こった場合はヒューズなどが作動しないことがあります。そして、断続的に起こった短絡は火花を発生させ、電線被覆などへの着火に至ります。

また、改造や部品の後付けによりヒューズを設けない、不適正な電線を使用する、配線方法が不適正である、といった配線がなされた場合には、出火危険が極めて高い状態と考えられます。このような配線の有無についても確認が必要です。

では、これらの特徴を念頭に、実際に見分を行う場合、どのようなポイントに注目するかを考えてみます。

焼けの状況を比較で示し、焼けの方向性を表していくという方法は配線についても言えます。配線は樹脂製の被覆に覆われており、被覆は溶融・炭化・焼失という順に焼けが強くなります。また、配線の中の電線は一般に銅のより線が用いられていますが、銅は熱により変色し溶融します。より線ならば熱を受けた部分は、互いに溶着していたり、硬くなって曲げるとすぐ折れたりするようになっています。

金属の焼けた部分は錆が発生しますが、銅の場合は緑青となって現れます。焼けた配線の特定の部分に多量の緑青が発生していたとすると、その部分は強く熱を受けた、若しくは強く熱を発したことになります。

ワイヤーハーネスを見分する場合に、一見すべての配線は焼けていないようでも、よく見るとそのうちの１本だけが、一定の区間焼けている状態を発見することがあります（写真３─２）。これは、その配線がどこかで短絡を起こし、配線自体が発熱したことを示しています。理論的には、焼けている区

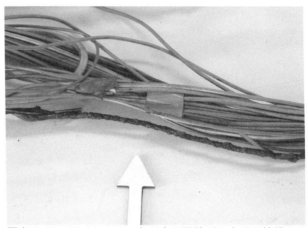

写真3-2　ワイヤーハーネス内の配線が1本だけ焼損している。

間は、プラス側から短絡点（ボディとの接触点など）までですので、焼けた区間をたどっていくことで短絡点を発見できる場合があります。

　一般にボディと接触し、短絡した部分には溶痕ができます。ボディに溶痕が付着している場合も多いので、配線とボディが接触する部分は配線だけでなくボディ側も念入りに溶痕を探しましょう（写真3—3、3—4）。

写真3-3　ボディに溶痕が付着している。

第3講　電気系からの出火　25

写真3-4　ボディに溶痕が付着している（拡大）。

　溶痕は熱によっても形成されます。一般には熱痕と電気痕の違いの判別は比較的容易です。配線が焼け細り、垂れるような痕で、より線が溶着して硬くもろくなっている場合は熱痕である可能性が高いです。より線の先々に小さく、あるいは何本かまとまって丸く痕ができ、周囲の配線はあまり熱を受けておらず、痕に金属光沢がある場合などは電気痕です。しかし、車両火災の場合はエンジンルームなど狭い空間で強い熱を受けるため、電気痕ができた後、二次的に熱痕ができる場合もあり、また、短絡すると配線自体が発熱するので、判別が難しい場合もあります。このような場合は周囲の状況、焼けの方向性、通電立証、ヒューズの状態などから総合的に判断していかなくてはなりません。

　短絡が疑わしい配線があった場合は、まずその配線が何の配線かを確認します。そして、その配線は常時通電されているものか、イグニッションスイッチを介するものか、どのくらいの電流が流れるものかなどを確認します。小電流しか流れない、エンジンを切っていたので通電されていない、などの状況が確認できれば、その配線に短絡は起こり得ません。火花の発生についても同様のことが言えます。

バッテリー

普通乗用車は12ボルトのバッテリーを積んでいます。寒冷地仕様など2個のバッテリーを並列に設ける場合もあります。電圧は比較的低いのですが、短絡した場合などは多大な電流が流れます。名古屋市南消防署の実験によれば、バッテリー（55B24L）端子間に呼称断面積1.25平方ミリメートルから5平方ミリメートルまでの自動車用電線を直接接続した場合、それぞれ250アンペア以上の電流が流れました（表3－2、写真3－5）。

バッテリー内には水素ガスが発生しますので、破裂や水素ガスへの着火など、バッテリーとしての危険は潜在しています。しかし、車両ではこのよう

表3-2　自動車配線の短絡実験

呼称断面積(m㎡)	溶断時間(S)	最大電流値(A)
1.25	1	250超
2.00	1	250超
3.00	2	250超
5.00	10	250超

第31回火災調査研究発表会「交通事故車両からの火災」(名古屋市南消防署)より

写真3-5　バッテリー端子間に配線を直接接続すると配線が激しく発熱し被覆が燃焼する。

なトラブルの例は少ないようです。やはり、電気的トラブル、つまり、短絡や火花の発生などがバッテリーに関わる出火要因のほとんどを占めます。

バッテリーの端子が緩んでいたり、半断線状態であったりすると火花が発生します。火花は配線被覆を炭化させたり、着火させたりします。車両火災においては、火花はさらに重要な意味があります。車両にはガソリンなどの揮発性の高い危険物が積載されています。ガソリンは排気管など高温体に接してもなかなか発火に至りません。ところが、火花では容易に着火するのです。火花はガソリンなどを着火させる発火源になるということを認識しておいてください。

交通事故などでバッテリーが損傷し、電解液が流れ出しているような場合、もうほとんど電気は残っていないだろうと思いがちです。しかし、前述の名古屋市南消防署の実験では2メートルの高さから落下させ電解液が流失したバッテリーでも火花の発生が認められました（写真3－6）。このことから、バッテリーが少々破損していても通電はあるものとして考える必要があります。

写真3-6　落下させ電解液が流出したバッテリーでも火花が発生する。

バッテリーに関する出火の例としては、バッテリー固定用金具が外れたり、バッテリーの上にスパナなどの工具を置き忘れたりしたため、端子間が短絡し、金属が発熱、又は火花が発生して出火するなどがあります（写真3－7）。また、バッテリーを規格外のものと交換したため固定がうまくできておらず、

振動でバッテリーが動き固定金具が接触してしまった例もあります。

写真3-7　短絡により火花が発生する。

オルタネーター

　車両は、エンジンの回転で発電機を回し、自ら発電し、充電します。その発電機がオルタネーターです。
　オルタネーターにはB端子と呼ばれる、バッテリーなどへ電気を供給する端子があります。この端子につながる配線は大きな電流が流れるのですが、端子が緩んでいたりすると火花が発生します。また、接触不良により端子が発熱します。端子の緩みを確認しましょう。端子の変形や溶融についても注意してください。

デストリビューター

　デストリビューターは点火コイルの一次回路に電流を流したり切ったりする役目と、点火コイルに発生した二次電圧をそれぞれの点火プラグに分配する役目をしています。デストリビューターの中にはローターやコンタクトポイントなどがあり、常に火花が発生しています。ガソリンのベーパなど可燃性ガスがデストリビューター内に入り込めば容易に着火します。デストリビューターはその機構上密閉されてはいません。リーク孔と呼ばれる穴が開けられていますが、ここにガソリンを少し注入してからエンジンを始動させると着火の様子を確認することができます。

ハイテンションコード

　点火コイルで発生した高電圧をデストリビューターへ、そしてスパークプラグへと伝えるコードです。その被覆は絶縁体の上にゴム被覆してあり堅固です。しかし、何らかの原因でこの被覆に傷がつくと、高電圧のため、リーク放電が起こることがあります。リーク放電が起こるためには、被覆の傷の近くにマイナス配線がなければなりません。車両は前述のようにボディ自体がマイナス配線であり、エンジン本体もまたボディアースとなっているのです。ハイテンションコードは、スパークプラグにつながっており、エンジンのすぐそばを走っています。ですからこの付近に傷ができると、エンジンとの間でリーク放電に至るのです。

後付部品、配線

　後付けされた部品、配線の有無を確認します。前述のように後付配線は出火の可能性が増加します。後付部品、配線が確認されたら、その部品はどのくらいの電流を必要とするのか、配線にヒューズなどは設けられているか、予想される電流に応じた電線が使用されているか、配線の取り回しは適正か、ボディに接する部分はないか、ネジリ配線など不適切な接続を行っていないか、配線を傷つけるおそれのある部品を取り付けていないか、などを確認します。

交通事故に起因する出火要因

　車両火災は、交通事故に伴い発生するケースも多くあります。交通事故の場合は、燃料、オイルなどの漏洩、電気配線の損傷、摩擦熱や衝撃火花の発生などが起こります。電気配線が損傷し、ボディと接触すれば短絡が起こることは説明したとおりです。リーク放電や火花はガソリンなどを着火させる発火源となります。これらが複合して発生することもあります。変わった例としては、ヘッドライトを損傷してしまったのですが、電球のフィラメントは損傷しなかったためフィラメントがむき出しになり発熱し出火したということもあります。

出火箇所の絞り込み

　電気による出火が疑われた場合は、出火箇所付近に電気によるトラブルの痕跡を探すことから始めることがほとんどでしょう。出火箇所は焼けの方向性や発見時の状況などから導き出すのはどのような火災でも同じです。しかし、車両火災では、ピンポイントで出火箇所を判定することは困難な場合が多いと思います。車両はいったん燃え上がると強い熱を発する要因がいくつもあります。つまり、二次的に焼けが強くなるケースが多いのです。また、車両自体が比較的狭い空間ですので、そこからさらに出火箇所を絞り込むと、いきおいピンポイントでの判定を強いられます。そうなると、検討すべき発火源は極めて限定され、もし、出火箇所の判定を誤ると真の発火源が否定されてしまうことになります。このようなことから、車両火災においては、出火箇所は比較的広い範囲で、大雑把に判定した方がよいケースが多いと思われます。例えば、エンジンルーム、車室内、トランクルームといった程度、もう少し細かくしても、エンジンルーム右前部付近、車室内後部座席付近といったところで十分と思われます。

　車両火災では、ピンポイントでの出火箇所の判定が難しいとは述べましたが、見分していく上では、やはりある程度アタリをつけて、怪しい箇所を絞り込んでいくことがあると思います。その場合には、特に高さについて注目してください。基本的に焼けは下から上へ広がります。最も下方部分で焼けている部分を探すのです。樹脂や油が溶融落下し、下方で燃え上がった場合はそこが最下方の焼けとなることがありますが、この場合は、溶融した樹脂などが付近に付着しているはずですし、付近の焼けの状況などからも判断できるでしょう。

　車両火災の出火原因として電気はかなりの比重を占めるのではないでしょうか。直接被覆などへの着火だけでなく、ガソリンなどを着火させる発火源ともなります。車両火災を調査するに当たり、ここで説明した電気に関する出火要因を理解しておけば、見分がスムーズに進むだけでなく、火災調査書類作成においても説得力のある論理的な書類作りにも役立つと思います。

　車両独特の電気の取り回し、電装品などについて、自分の車や公用車などを利用して今一度確認してみてはいかがでしょう。車両関係の書籍も参考になります。仕組みや構造を理解することは調査の第一歩なのですから。

第4講
燃料系、排気管系からの出火

　燃料系、排気管系からの出火について解説します。原則としてガソリンを使用する普通乗用車を取り上げることにします。

燃料系

　車両には燃料を始めとする危険物が何種類か使用されています。まずはどんなものがあるのか確認してみましょう。

・燃料（ガソリンなど）

・エンジンオイル

・ブレーキフルード

・ATF（オートマチック・トランスミッション・フルード）

・パワーステアリングフルード

・ギアオイル

　一般的な車両では、このようなものが挙げられます。このほかにも、ロングライフクーラントも危険物成分を含みますし、エアコンガスの中に添加されたオイルやグリス類などがありますが、ここでは省略します。

　これらの危険物は車両内、主としてエンジンルーム内に貯蔵、配管されています。通常は漏れることなく、安全には特に配慮されています。しかし、事故、改造、老朽、製造欠陥（リコール等対象など）により漏洩してしまうことがあります。漏れた危険物は、火花、高温体などにより着火あるいは発火し、火災に至るかもしれません。つまり、漏洩の可能性がある部分は重要なチェックポイントとなるわけです。

　では、どこをチェックすればよいのでしょう。それぞれの配管などの特徴を見極め、可能性のある部分を探っていくことにします。

燃　料

　燃料（ガソリン）は通常車両後部下付近に設けられた燃料タンクに貯蔵され、ここからエンジンルームへと配管されています。燃料を送るために加圧する燃料ポンプは、電気式のものは燃料タンク内に、機械式のものはエンジン側に設けられているのが一般的です。

　インジェクション車の場合、燃料ポンプは電気式のものが用いられ、送り配管にて燃料フィルターを介してインジェクターへと送られます。その圧力は約 0.3MPa という比較的高い圧力で、配管にピンホールなどがあると噴霧になって噴出するほどです。また、送り配管のエンジン側には、配管中に発生する圧力変動を防ぐパルセーションダンパーが設けられています。

　キャブレター車の場合は、機械式燃料ポンプを用いることが多く、圧力は約 0.02MPa と低くなっています。

　インジェクション車では、インジェクターから噴出する圧力を一定に保つため、プレッシャーレギュレーターが設けられています。プレッシャーレギュレーターで分けられた余分な燃料は戻り配管にて燃料タンクへと戻されます。

送り配管、戻り配管のほかに蒸発した燃料の蒸気を貯め、エンジン始動時にインテークに送り込むチャコールキャニスターがあります。

このように配管を確認すると、その圧力が比較的高い部分とそうでない部分があることがわかります。

つまり、配管にトラブルがあった場合、飛散するほど噴出するところとそうでないところがあるということです。

そして、燃料が噴出するおそれは、インジェクション車の送り配管側が最も強いということになります。

チェックするポイントは、配管の損傷部分、接続部分などです。

また、パルセーションダンパーが緩んでいた場合にも燃料は噴出します（図4－1）。

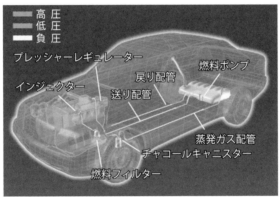

図4-1　燃料系統

『火災原因調査ビデオ講座　自動車火災（構造編）』（一般財団法人消防科学総合センター制作）より

エンジンオイル

　エンジンオイルは、ほとんどエンジンの内部にあり、外部へ配管されていることはまれです。エンジンオイルの圧力も0.3MPaと高いので、外部へ噴出する可能性はあります。ではエンジンオイルが漏れる可能性のあるところはどこでしょう。これは比較的限られています。エンジンの外形は大雑把にシリンダーヘッド、シリンダーブロック、オイルパンと分けられますが、これらの継ぎ目となっている部分に漏れの可能性があります。また、オイルエレメント（オイルフィルター）もチェックすべきポイントです。オイルエレメントは容易に取り外しできるので、その緩み、パッキングの不良、二重パッキング（パッキングを2枚重ねて取り付けること）などによりエンジンオイルの漏洩を招きます。ターボチャージャーでは、潤滑油をエンジンオイルと共用していることが多いので、ターボチャージャー装着車はその取付け部分もチェックします。

　一部のスポーツ車や改造車などはオイルを冷やすため、オイルクーラーを取り付けている場合があります。この場合は配管が存在するのですから、配管の損傷、接続部などからの漏洩の可能性が増します（図4-2）。

図4-2　エンジンオイルの状況

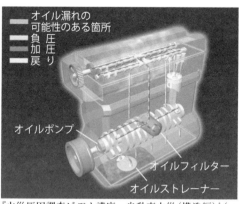

『火災原因調査ビデオ講座　自動車火災(構造編)』(一般財団法人消防科学総合センター制作）より

ブレーキフルード

ブレーキは油圧により、少ない力で大きな制動力を生むように設けられています。ブレーキペダルを踏み込んだ力はブレーキブースターからマスターシリンダーへ伝わり、配管によりタイヤに設けられたブレーキ装置に送られます。この時の配管の圧力は10MPaにも達します。マスターシリンダー以降の配管に損傷、接続部の緩みなどがないかチェックします。

ブレーキ配管は、非常時の安全を考え、2系統に分けられて設けられていますので、見分時は注意します（図4－3）。

図4-3　ブレーキ系統

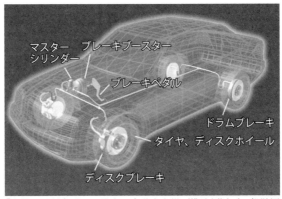

『火災原因調査ビデオ講座　自動車火災（構造編）』（一般財団法人消防科学総合センター制作）より

ATF

　最近の車両はほとんどがオートマチックトランスミッション車です。エンジンの駆動力をトルクコンバーターによりギアを介し、タイヤに伝えています。ATFは高温になるため、ATFクーラーを設け配管で接続されています。トランスミッション内の圧力は0.35～1.7MPaほどですが、ATFクーラーへの配管の圧力は0.1～0.2MPa程度となっています。しかし、この圧力であれば、配管の損傷などでフルードが飛散するおそれは十分あります。チェックするポイントは、やはり配管の損傷、接続部などです。ATFクーラーの位置をかんがみれば、衝突時などに損傷を受けやすいと思われるので、交通事故などでも漏洩する可能性が高いと考えられます（図4－4）。

　　　図4-4　オートマチックトランスミッション

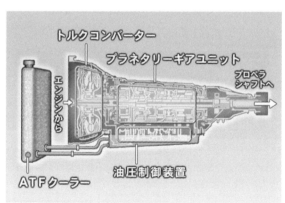

『火災原因調査ビデオ講座　自動車火災（構造編）』（一般財団法人消防科学総合センター制作）より

パワーステアリングフルード

　オートマチックトランスミッションと同じように、ほとんどの車にパワーステアリングが採用されています。油圧式と電動式がありますが、油圧式の場合、一部の配管に高い圧力がかかるのです。

　油圧式パワーステアリングは、ベーンポンプで油圧を発生させ必要な油量をコントロールバルブに送ります。コントロールバルブは補助する操舵力の大きさをコントロールするもので、その力を発生するのはパワーシリンダーです。ベーンポンプからパワーシリンダーへ至る配管の圧力は最大約7 MPaです。

　パワーステアリングはステアリングを切らないと操舵力を発生させません。したがって、配管の損傷などでフルードが噴出するのは、ステアリングを切ったときに限られます（図4－5）。

図4-5　パワーステアリング系統

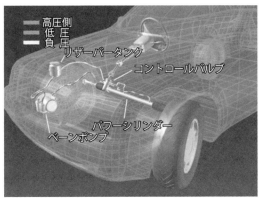

『火災原因調査ビデオ講座　自動車火災（構造編）』（一般財団法人消防科学総合センター制作）より

ギアオイル

一般には、ギアオイルが外部へ漏洩飛散することはまれですが、四輪駆動車などでデファレンシャルギアがトラブルを起こし、ギアの破損に伴いオイルが外部へ噴出したり、交通事故により漏洩したりする可能性はあります。

着火物と発火源の関係

ここまで、燃料（ガソリン）を始めとする車両における危険物について、漏洩する可能性のある部分を確認してきました。

しかし、これらは漏洩するだけでは出火しません。発火源がなければ着火物になり得ないのです。発火源としては、第3講で説明した電気による火花、後述する排気管などの高温体があります。

そこでチェックしなければならないのが、漏洩した危険物が、これら発火源に物理的に接触し得るかということです。ガソリンやエンジンオイルなどの飛散が認められても、その付近に高温体も火花の発生要因もなかったとしたら、出火には至らないのです。

燃料系からの出火が疑われた場合、漏洩箇所、危険物の飛散状況などを確認して、その飛散範囲内に発火源となり得るものが存在するか否かを確認することが必要です。

なお、危険物の漏洩は、直接的な出火原因（着火物）とはならなくても、二次的に着火炎上し延焼拡大要因となることもあります。

排気管系

エンジン内で燃焼したガスは高温状態で排気されます。排気ガスは、まずエキゾーストマニホールドで各シリンダーから集められ、マフラーへと送られ外部へ排出されます。

現在の車には、エキゾーストマニホールドとマフラーの間に触媒装置が設けられています。これは排気ガスに含まれる有害なCO（一酸化炭素）、HC（炭化水素）、NOx（窒素酸化物）を低減させるものです。触媒装置を経た排気ガスはサブマフラー、メインマフラーで消音され、テールパイプから外部へ

排気されます（図4−6）。これら排気管は車両の底部をはうように設けられていますが、V型エンジンなどのように排気管が2系統となっているものもあります。

図4-6　排気系統

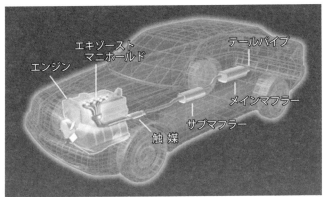

『火災原因調査ビデオ講座　自動車火災（構造編）』（一般財団法人消防科学総合センター制作）より

エキゾーストマニホールド

　エキゾーストマニホールドはエンジンのシリンダーと直結しています。エンジンルーム内で最も高温になる部分です。登坂走行や高速運転など、高回転、高負荷の状態が続くと、その温度は600℃を超えます。これは、ガソリンを始めとした車両に使用されている危険物の発火温度以上です。そして、紙や布などの発火温度も超えています。ですから、ウエスなどの可燃物をエンジンルーム内に置き忘れて、エキゾーストマニホールドに接した場合は着火し、火災になることがあります。しかし、燃料などの危険物の場合は少し様子が異なります。

エキゾーストマニホールドへの滴下実験

　車両火災についての講習などで次のような実験を行うことがあります。
　空ぶかしなどでエキゾーストマニホールドを500℃近くまで温度が上がる

状態にしておき、エキゾーストマニホールドに燃料（ガソリン）、各種オイルなどを滴下するのです。すると次のようなことが観察できました。

・ガソリンを滴下した場合

　ガソリンは細かい粒状になってエキゾーストマニホールドの表面をコロコロと転がるように動き、やがて蒸発してしまいました。何度試みても、着火しません。そのとき、煙はほとんど出ず、エキゾーストマニホールドに染みや変色も見られませんでした。

・エンジンオイルを滴下した場合

　エキゾーストマニホールドに触れた瞬間、白い煙が噴出しました。表面にネットリした感じで付着しているようでした。そして、窪みにたまったエンジンオイルが少し泡立つようになり、その後発火しました。発火後、煙は黒色となりました。火が消えた後、エキゾーストマニホールドには黒くにじんだような染みと炭化物が付着していました。

・ブレーキフルードを滴下した場合

　滴下した瞬間、白く細かな煙が噴出しました。少量では白い煙を噴出しながら蒸発しきってしまいましたが、滴下を続けると、発火に至る場合がありました。煙の臭いは甘い感じで、あまり刺激臭は感じられませんでした。エキゾーストマニホールドには、わずかに染みが確認できました。

　余談ですが、ブレーキフルードの煙の臭いは、スモークマシンの煙の臭いと似ています。

・ATF を滴下した場合

　白く細かな煙が噴出し、少量では白い煙を噴出しながら蒸発しきってしまいましたが、滴下を続けると発火に至る場合があるなど、ブレーキフルードの場合とよく似た状況でした。

これらの実験結果から、次のことがわかりました。

・ガソリンが高温のエキゾーストマニホールドにかかっても、容易に着火しない。このとき、煙はほとんど出ない。

・エンジンオイルが高温のエキゾーストマニホールドにかかると着火する。着火直前までは白煙が、着火後は黒煙が噴出する。

・エンジンオイルが高温のエキゾーストマニホールドにかかって燃焼すると、黒い染みが付着することがある。

・ブレーキフルード、ATFが高温のエキゾーストマニホールドにかかると着火することがある。このとき、白煙を噴出する。

・ブレーキフルード、ATFが高温のエキゾーストマニホールドにかかって燃焼すると、染みが付着することがあるが、その染みはエンジンオイルの場合に比べ薄い。

以上のことを、実際に見分を行う際の注目点として考えてみます。

漏洩が考えられるものは何でしょう。ガソリンが漏れたとすると、エキゾーストマニホールドにかかって出火したのではなく、電気などによる火花により着火したと考えるべきです。

エンジンオイルならばエキゾーストマニホールドにかかって出火する可能性は高いです。エキゾーストマニホールドに染みはないでしょうか。ブレーキフルード、ATFについても同様ですが、染みの状況が異なります。

漏洩箇所も確認しなければなりません。そもそも、物理的に燃料などがエキゾーストマニホールドにかかる状況があったかどうかを確認するのです。

これらの漏洩は出火直前直後の煙の状況や機器の不調などにも関係します。煙の状況やステアリングが重い、ブレーキが利かなくなる、などの症状を確認します。

エキゾーストマニホールドは高温になっていたでしょうか。始動直後ではまだエンジンは冷えています。高速走行や登坂走行時は高温になります。走行状況を確認します。

煙の状況や機器の不調については、関係者への質問などで確認することになります。車両火災における質問事項を参考にしてください。

触媒装置

高温の排気ガスは、エキゾーストマニホールドから触媒装置（触媒コンバーター）へと送られます。一般的な触媒装置は、内部が格子状、又は蜂の巣状になっています。この時点ではまだ排気ガスも高温であるため、触媒装置内部も高温になっていますが、赤熱するほどではありません。防熱板が設けられていますが、通常はこれで床下の枯れ草などへの着火を防いでいます。

ところが、何らかの原因により、未燃焼ガスが排気ガスとして送り出された場合、燃料を含む未燃ガスは触媒装置内で燃焼を始めます。そうなると触

媒装置の内部は赤熱するほど高温になり、その輻射熱はアンダーコートや吸音材を、伝導熱は車室内のフロアマットを焼損させるほどになります。

　触媒装置が異常過熱した場合は、触媒装置、防熱板に変色が見られます。アンダーコートやフロアマットなどは触媒装置を中心に焼損します。触媒装置がコンソールボックスの直下付近にあれば、火災の発見はコンソールボックス付近からの火煙によることが多いです。触媒装置の内部を確認すると、溶融が認められ、高温となった様子がわかります（写真4―1、4―2）。

写真4-1　正常な触媒装置

写真4-2　内部が溶融した触媒装置

触媒装置の過熱については、「排気温」警告灯により早期に確認できるはずですが、すべての車両に警告灯が設けられているわけではありません。

未燃ガスが排気側へ送られる原因としては、点火プラグのミスファイアが考えられます。最近の車両は性能が良いので、プラグの1、2本が不良であっても、ちょっと力がないかな、といった程度でちゃんと走行できてしまいます。そして、点火していないシリンダー内のガスはそのまま未燃ガスとして排気されるのです。点火不良の確認は、プラグをすべて外して比較してみます。不良状態のプラグは、煤の付着などがある場合があります。また、ガソリンが燃焼せずにプラグにかかっている場合は、ガソリンの洗浄効果により、プラグが異状にきれいになっていることもあります。この場合は、プラグはガソリンで濡れている、いわゆるかぶった状況となっていると思います。いずれにしろ、ほかのプラグと状況が違うようなら、そのプラグは正常な点火を行っていなかった可能性があると考えられます。

ラン・オン現象

エンジンキーを切ってもエンジンが止まらない現象をラン・オン現象と言います。ラン・オン現象が起きると、シリンダー内の燃料が完全燃焼できずに排気ガスとして送り出されてしまい、触媒の異常過熱に至ります。

ラン・オン現象が起きるのは、機械式燃料ポンプを用いている車両に限られます（電気式の場合は、エンジンキーを切ると燃料ポンプが止まります）。最近の国産乗用車は、燃料噴射装置を使用しており（インジェクション車）、燃料ポンプも電気式ですのでラン・オン現象は起こりません。

ラン・オン現象の確認には、車両がキャブレター仕様であるか、普段からラン・オン現象の兆候が見られたかなどをチェックしなければなりません。

マフラー

マフラーは、排気ガスの騒音を下げる装置です。高温の排気ガスもマフラーを通過した後はずいぶん温度が下がっていきます。それでも最終的にテールパイプから出る排気ガスの温度はアイドリング時で100℃前後あり、高回転時にはさらに高くなるので、付近に可燃物があると着火に至る可能性は十分あ

ります。また、マフラーそのものも高温になりますので、高速走行直後の駐車時などで枯れ草がマフラーに接するような状態が起こると出火に至ることがあります。

逆　火

　バックファイアーとも言いますが、排気側で燃焼が起こるアフターファイアーと混同しやすいので注意してください。

　逆火は、排気側への異常燃焼ではなく、吸気側への異常燃焼と考えればよいでしょう。何らかの原因により、吸気側の混合ガスに着火してしまうのです。燃料噴射式（インジェクション車）では、混合ガスを作らず、インジェクターにて直接燃料を噴射しますので、逆火は起こりません。大口径のキャブレターを使用している大型外国車などでは起こりやすいと思われます。

　逆火は、比較的大きな破裂音を伴い、キャブレターに取り付けられたエアクリーナー付近から焼損していきます。ボンネットが浮き上がることもあります。また、ボンネットのキャブレター付近の位置に焼きを見ることができるでしょう。エアクリーナーを外してキャブレターを確認すれば、内部に煤の付着が認められます。

　始動時にエンジンのかかりが悪く、何度かセルモーターを回しているうちに破裂音を伴い出火した、出火前にガソリン臭を感じた、普段からガソリン臭が強かった、などの状況について確認します。

過レーシング

　エンジンをかけたまま車両の中で寝込んでしまい、その際、知らずにアクセルを踏み込んでいた、ということがあるとエンジンは高回転状態となり、オーバーヒートに至ります。過レーシングとは、このようにアクセルを踏み込み続け、連続空ぶかし状態になることを言います。

　過レーシングが起こると、エンジンオイルは高温、高圧となりオイルの噴出を招き、噴出したオイルがエキゾーストマニホールドなどにかかり出火することがあります。また、オーバーヒート状態では、樹脂製配管やアルミ合金製部品などが劣化、破損するおそれもあります。それに伴い、オイルなど

が飛散することも考えられます。

　本講ではガソリン車について解説しましたが、ディーゼル車、LPG車など についても基本的には変わりはないと思います。これらの車両の構造につい ては車両関係書籍などで勉強してください。構造がわかれば、出火要因も探 りやすくなります。

> コラム

オイルエレメント取付け不良により、走行中にエンジンオイルが漏洩し出火した事例

1 O（オー）リング破損によるもの

　取付け作業時、Oリングにエンジンオイルを塗布しなかったためにOリングが破損したものです。Oリングは生産時（出荷時）にシリコーンオイル等が塗布されていますが、これは潤滑目的ではなくゴムの劣化を防ぐためのもので、長期保管しておくと乾燥していきます。取扱説明には、「交換時はOリングにエンジンオイルを塗布してください」と明記されています。

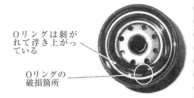

Oリングは剥がれて浮き上がっている

Oリングの破損箇所

2 Oリング取付け位置の誤りによるもの

　このオイルエレメントは内部の"ろ紙"だけを交換するタイプのものです。

Oリングが正規の溝にはまっている

取付け後はOリングが見えない

▲正しい取付け

Oリングが正規の溝を通り越して奥まで押し込まれている

取付け後にOリングが見える

▲誤った取付け

　エンジンオイルは漏洩した当初、走行に支障が出にくいために発見が遅れることが多いと思われます。

第5講
放　火

　前講まで、電気系、燃料系、排気管系と分けて車両火災の出火要因について説明しました。これらは何らかの原因により意図しないトラブルが発生し、その結果、発火源と着火物が結びついて出火に至ります。このときの発火源と着火物については車両火災独特のものがあり、調査の注目点でもあります。しかし、出火原因が放火の場合には、これらの組み合わせが通用しません。では、放火による車両火災の場合はどんな点に注目していけばよいのでしょうか。本講では火災調査の観点から注目すべき事項について考えていこうと思います。

車両内部への放火

　車両への放火の場合、出火位置（放火された位置）が車両の内部か外周部かによって注目点が異なります。初めに車両内部への放火について考えてみます。

　車両内部への放火ということは、車室へ火を放ったことになります。そのためには、ドア又は窓を開けなければなりません。まず、施錠状況を確認しましょう。完全に焼損していると見分だけから確認することは難しいですが、関係者の口述や発見時の様子などからわかることもあります。ロックされていたはずのドアが発見時開いていた、消火時にドアを開けることができたなどの状況があったか注目します。また、車内に置かれていたものがなくなっていることが判明すれば何者かの侵入が推定されます。

　窓の開放についても同じですが、特に破壊について注目します。消防隊現着時に窓が割れていたか否か、窓の破壊の有無などは重要な情報です。発見者にも確認しましょう。

　放水など消火行為を行うと窓は割れますが、窓を割ってから放火した場合

と差異はあるのでしょうか。車両の下には割れた窓ガラスの破片が多数落ちているはずです。このガラスの破片に注目します。煤の付着、変色などが全くない、きれいな破片が落ちていた場合は、そのガラスは出火前に割れていたと考えられます。破片に煤の付着や変色があった場合は火災により割れたことになります。車種もわからないほど強く焼けてしまうような状態では二次的に焼けることもあるのではと思うかもしれませんが、地面に落ちたガラスは上方でいくら強く燃焼してもほとんど影響は受けません。車両火災の見分の際には、地面に落ちているガラスの破片に注目することを心がけてください。

　ところで、車室内に火を放った後ドアを閉めると、火炎は次第に拡大していき、いずれ窓ガラスが割れることによりさらに火勢が強くなる、と思いがちですが、実際にはそのようにはなりません。筆者が行った実験を紹介します。

＜実験方法＞

　実験に使用する車種は2,000ccクラスの国産4ドアセダンで、ごく一般的なものです。その後部座席に丸めた新聞紙約20枚を置き、着火させてみます。そして炎が天井に至った時点でドアを閉めます。窓はすべて閉じておきます。また、エンジンキーは抜いておきます。その後の様子を観察します。

＜実験結果＞

　ドアを閉めた直後は火炎が窓越しに見えますが、見る間に車室内が黒くなりそのうち何も見えなくなります。

　ドアの隙間から、わずかに茶色の煙が出始めます。

　屋根が大きな音とともに内側にへこみます。

　ラジオが鳴り出します。

　屋根の一部がわずかに変色します。

　窓ガラスの内側は煤で黒くなっていますが、ガラスが割れる様子はありません。

　煙の噴出もほとんどありません。

　約10分後、ほとんど変化がないのでドアを開放します。

　車室内は天井、シートなどが焼きし、樹脂部分が溶融していますが火

炎は認められません。
　丸めた新聞紙は、ほとんど焼きしていますが火種は認められません。
　車室内に熱気はあるものの、鎮火状態です。
　この時点で、すべての窓ガラスは割れていません。

　この結果からもわかるように、閉め切られた車室内で火炎が上がっても、その熱などで窓ガラスが割れるようなことはないのです。そして、窓ガラスが割れなければ、気密性のよい車室はいずれ窒息してしまいます。このことから、車室内から燃え上がり、窓などから火炎が噴出している状況であれば、その窓は出火時、開いていた（割られていた）と考えられるのです。
　ただし、出火後に窓ガラスが割れることもないわけではありません。消防隊の放水などで熱せられた窓ガラスに水がかけられた場合、窓ガラスは簡単に割れてしまいます。また、消火活動に伴い、とび口などで窓ガラスを破壊することも多いでしょう。ですから、消防隊現着時の状況、消火活動などの確認が大切になるのです。
　次に、発火源という観点から考えてみます。
　車室内から出火した場合は、発火源として考えられるものは比較的限られてきます。第4講で説明したように、エンジンルーム内はさまざまな出火要因が存在します。しかし、車室内はせいぜい電気配線と微小火源くらいです。電気配線がある場所はステアリング周り、インパネ内部などはっきりしてい

ますので、出火箇所が特定できれば、そこに電気配線があるかないかを確認すればよいのです。発火源のない箇所からの出火となれば、放火の可能性が増します。微小火源については、無炎燃焼を継続させる着火物の存在と燃え込みなどの特徴に注目します。これらが否定されれば、放火を検討します。

車両外周部への放火

　愉快犯的、衝動的に行われる車両への放火の多くは外周部から出火しています。では、どのような箇所に火をつけられるのかを考えてみます。

　衝動的な放火の場合、発火源は手近なライターなどでしょう。ライターで火がつくところはどこでしょう。バンパーや泥除けなどの樹脂製品が思い浮かびます。確かにこれらにライターで着火させることは可能ですが、実際やってみるとなかなかうまくいきません。かなり長時間ライターであぶってやらなければならないのです。また、これら樹脂製品は自己消火性のものもあり、いったん火がついてもすぐに消えてしまうこともあります。人の目を気にする放火犯としては、あまり長いこと火をつけているわけにはいかないでしょう。これらの場所に放火するとすれば、ターボライターなど強力なものを用いるか、紙くずなどの助燃材を付加する可能性があります。慎重に探せば助燃材の残渣が見つかるかもしれません。また、長時間放火行為を行っていても、人の目につかないような場所的条件が整っていたかの検討も必要でしょう。

　タイヤはどうでしょう。タイヤはよく燃え、燃えると強い熱と多量の黒煙を噴出することはよく知られています。しかし、ライター程度の熱では表面にいったん着火してもすぐに消えてしまい、出火に至ることはありません。もちろん、この場合も助燃材の存在は検討する必要があります。

　出火箇所を判定するために焼けの方向性が重要な要素となるのはどんな火災でも同じです。車両外周部への放火の場合、焼けの方向性が比較的はっきりする傾向があります。火勢は下方から上方へ向かうことは放火犯も意識しています。さらに、人目を盗んで火を放つのですから、着火位置は勢い下方になりがちです。下方から上方へ燃え広がっていく状況は残存しやすいと思われます。車両外周部への放火が疑われたら、焼けの高さに注目し、最も下方の焼き部分を探し、焼けの方向性を検討しましょう。

第5講 放火 51

放火の場合の質問事項

　放火が疑われた場合は、通常の質問事項に加えて注目すべき事項があります。ここでは、その注目点について考えてみます。

　放火による車両火災の場合、ほかの原因の車両火災と違い出火時の状況を関係者から確認することができません。ですが、出火直前の状況だけでもしっかり把握できれば有益な情報となります。また、り災前の状況とり災後の状況を比較し、何か異状がなかったかについても確認しなければなりません。

　関係者からは次の事項を確認します。
・駐車前の走行状況
・駐車した日時
・施錠状況
・車室内に置いてあったものなどの状況
・同様の火災歴の有無
・り災前とり災後との差異の有無
・駐車場所付近の状況（明り、交通量など）

発見者からは次の事項を確認します。
・発見位置
・発見の動機（火煙、音など）
・発見時の火災性状
・窓、ドア、ボンネットなどの開放状況
・人影の目撃

・初期消火行為の状況

前述の実験中にもありましたが、車両が炎上すると電気系統に異常が起き、ラジオ、ライト、ワイパー、ホーンなどが突然作動することがあります。これらは発見の動機となることもあります。確認し記録するように努めましょう。なぜなら、これらの状況があったということは、電気的異常が二次的に起こったと考えられるからです。

前述のように、関係者、発見者だけでなく、最先着の消防隊が確認した事項や消防隊の消火行為なども確認しなければなりません。これらは、火災状況見分書などで明らかにします。

・現着時の火災性状

・実施した消火行為、破壊行為

・施錠状況

・窓、ドア、ボンネットなどの開放状況

地理的状況の確認

放火による車両火災は、時として連続して発生することがあります。この場合は地理的状況なども検討しなければなりません。

放火犯が逮捕され確認したところ、通勤経路に沿って放火を続けた、幹線道路を車で北上しながら放火を続けたなどといった状況があるかもしれません。

また、付近の状況がよく似た状態、例えば人通りが少なく、照明のない薄暗い路地に駐車した車両ばかりが災したなど、地理的状況が似通っていることを見出すことができるかもしれません。地図などに発生位置などを書き込んでみるのもよいでしょう。地理的状況を確認することは放火防止にも効果が期待できます。

放火による車両火災について説明しましたが、実際にはさまざまな手口があるようです。火災調査もさまざまな観点で判定を行っていかなくてはなりません。しかし、基本的な注目点は、「何（どこ）に火をつけたか」です。これを明らかにすることを心がければ、放火の手口が把握できるようになると思います。また、放火に対しては、火災調査の段階から厳しい態度で臨むことがいずれ放火防止につながるとも思います。

第6講 その他の火源

　これまで、電気系、燃料系、排気管系、放火と車両の出火要因について説明してきました。今回は、これらに該当しない微小火源やライターなどの出火要因について考えてみます。

　車両はある意味、居住空間であるとも言え、人の行動に伴いさまざまなものが車室内に持ち込まれています。この中には建物火災と同じように発火源や着火物になり得るものも含まれています。たばこやライター、クッションやぬいぐるみなど、思い当たるものはいくらでもあるでしょう。これらの出火要因に注目してみます。

たばこ

　最近は喫煙率が低下していますが、それでも車室内で喫煙をするケースは多いと思います。たばこは炎のない火源で、既刊『これでわかる！実例火災調査書類』において、微小火源としてその注目点を示していますが、微小火源について改めて確認しておきましょう。

　微小火源とは一般に炎のない火種で、たばこ、線香、火の粉など極めて小さな火源のことを指します。マッチやライターなどは有炎火源としてこれらとは区別されています。その一般的なチェックポイントは次のとおりです。

①　火源が出火箇所に存在したか
②　無炎燃焼を継続させる着火物があったか
③　時間的妥当性はあるか
④　無炎燃焼が継続した痕跡があるか
⑤　無炎燃焼から有炎燃焼へ切り替わる要素があるか

これを車両火災について考えてみます。

　火源が存在したか、というポイントは、たばこなどが車室内に持ち込まれ

ていたかを確認することになります。灰皿やグローブボックスなどに（吸殻を含め）たばこがないかをチェックします。関係者にも喫煙習慣の有無を確認しましょう。

　着火物については注意が必要です。車室内にはシートやフロアマットなど、微小火源の着火物になり得そうなものがたくさんあります。ところが、これらはたばこなどでは容易に着火しないのです。多くの車両はシートには布が張られており、その中はウレタンなどです。フロアマットもふわふわで豪華な絨毯のようなものばかりです。ですが、これらの材質には難燃性のあるものが用いられており、たとえライターで直接あぶったとしても、その程度の炎では簡単に燃え上がらないようになっています。不要となったフロアマットを利用して実験を行ってみるのもよいでしょう。フロアマットの上に火のついたたばこを置いて観察するのです。直接火をつけることも試してみてください。少なくとも車両メーカーが提供している物については、微小火源の着火物にはなり得ないことが確認できることでしょう。シートについては廃車などで実験することになりますが、実験に当たっては設備の整った施設で行い、安全管理、消火準備、環境対応などに十分配意してください。

　さて、シートやフロアマットに着火しないとすれば、何が着火物となるのでしょう。車室内にはどんなものが持ち込まれているかを考えてみます。

　ぬいぐるみ…ぬいぐるみは、ほとんどがポリエステル綿を使用していますので微小火源の着火物となることはないと思われます。ただし、中綿に木綿が用いられている場合は着火物となり得ます。

　クッション…クッションもぬいぐるみと同様です。ただし、カバーが木綿製の場合はカバーに着火する可能性はあります。

　シートカバー…シートは難燃性でも、そこにかぶせられたシートカバーが木綿製の場合着火する可能性があります。ポリエステルなどの場合は溶融固着してしまい、着火には至りません。

　タオルなど…タオルはほとんどが木綿製であり、その形状からも微小火源の着火物としての要件を備えています。タオルのほかにも木綿製の衣服も着火物になり得ます。

　ティッシュペーパーなど…ティッシュペーパーは未使用で箱に入った状況と、使用済みで丸められた状況のいずれも着火物になり得ます。特に丸められたティッシュペーパーは微小火源で容易に着火するだけでなく、無炎燃焼

第6講 その他の火源 55

の継続についても条件が整っています。

雑誌など…雑誌は紙ですので着火すると思われがちですが、束になった紙は意外に着火しないものです。着火物になり得ないわけではありませんが、その可能性は比較的小さいと言えます。

ゴミ箱など…ゴミ箱やゴミ袋はほとんどが樹脂製です。ですから微小火源では着火しません。しかし、その中に丸めたティッシュペーパーなどが入れられていればそこに着火し、ゴミ箱などが燃焼、延焼拡大することは十分考えられます。

CDなど…CDも樹脂製ですので、溶融はしますが微小火源では着火しません。ただし、一般に樹脂製品は有炎火源にさらされた場合には延焼拡大媒体になることがあります。

これらのほかに、ダッシュボードやコンソールボックスなども考えられますが、これらは樹脂製なので、たばこなどの微小火源では着火しません。また有炎火源が接触しても、車両に使用されている樹脂は難燃性能を付加してあるので小さな炎ではすぐに立ち消えしてしまいます。

時間的妥当性については、比較的確認しやすいでしょう。車両の使用時間の判明は容易な場合が多いです。質問調書で車両の使用状況、喫煙した時間などを明らかにしておきましょう。微小火源による無炎燃焼の継続があった場合は、あまり濃くない煙が漂います。しかし経験上、この煙は目や鼻を強

く刺激します。つまり、狭い車室内で木綿などが薫焼するとかなり目が痛くなり、匂いも相当きついです。ですから、乗車中であれば容易に異状に気がつくはずです。これらについても質問調書での確認事項として注意します。時間については、着火物が比較的小さいケースが多いので、さほど長く無炎燃焼が継続するようには思えないかもしれません。しかし、車室内は密閉性がよいので条件によって燃焼スピードがかなり異なると考えられます。これは、有炎燃焼への切り替わり要素についても同様のことが言えます。車両火災においては、燃焼状況は条件によって様々な形態があり得るのです。

　無炎燃焼継続の痕跡は、車両火災の場合はあまりはっきりしないことが多いです。前述のように、難燃性のシートなどには無炎燃焼特有の燃え込みはできないですし、着火物も小さなものが多いので、全焼状態ではなかなか痕跡を見つけることはできません。燻焼痕がわからなくても、着火物そのものの痕跡を探すことを心がけてください。質問調書と見分から、車室内に持ち込まれた着火物の存在を示すようにするのです。

ライター

　喫煙者の車室内を探してみると、100円程度で売られている簡易ライターの1つ、2つぐらいは見つかるものです。座席の下あたりに落ちていることもあるでしょう。この簡易ライターが発火源となることがあります。

　ダッシュボードに置かれた簡易ライターが直射日光などで高温になり破裂することも目にしますが、簡易ライターがシートの下などに落ちた際、シートレールにすっぽりはまり込んでしまうことがあります。そしてシートが動いたときライターを着火させるのです。この例の場合は、簡易ライターが特定の種類のものでなければ出火の可能性はほとんどありません。では、どのような種類の簡易ライターが出火につながるのでしょう。

　簡易ライターの着火方式は大きく分けて火打ち石式と圧電着火式に分けられます。火打ち石式は着火の際、シュッと火花を飛ばすもので、圧電着火式は、レバーをカチッと押し下げ、青い火花を電極に飛ばすものです。シートレールにはまり込んで着火するのはこの圧電着火式の場合です。

　多くの場合、出火車両が強く焼けていても、車室内の床付近にある簡易ライターの金属部品はそのまま残っています。その部品形状から火打ち石式か

圧電着火式かを判定することができます。簡易ライターからの出火の可能性があれば、必ず探しましょう。そして同型のものを手に入れ比較、確認します。関係者にも、その形状などを確認してもらい質問調書に明記しておきます。

シートが動く例として、パワーシートがあります。高級車などは乗り降りやドライバー交代の際、自動的にシートが動くものがあります。助手席に座っていた人が走行中シートを下げたら、シートの脇から出火したという例もあります。

収れん

ごくまれですが、透明のプラスチック吸盤がレンズの役目を果たし、収れんにより出火することが考えられます。この場合、焦点距離が全く偶然に着火物との距離と合致しなければなりません。また、着火物についても、前述のように車室内の内装は難燃化されているので、内装への着火はほとんど考えられません。微小火源と同じように、車室内へ持ち込まれた紙や木綿製品などでないと着火物とはならないと思われます。ただし、簡易ライターなどに収れんすれば、ライターの破裂は十分に考えられます。

収れんが疑われた場合、出火時の天気と太陽との位置関係は確認しておくようにしましょう。

　基本的に車室内の内装は小さな火源では着火しないようにできています。ですから、これらの発火源が疑われたら、着火物が何であるかを判断することがとても大切です。その着火物は、おそらくは関係者などにより持ち込まれた物でしょう。どんな物が車室内に持ち込まれていたかを、見分と質問調書によって明らかにするのです。

水　没

　半ば水没した車両から、又は一旦水没した車両が、水が引いた後に出火することがありますが、当然、水（海水）による影響が疑われます。車両が水没すると、よくクラクションが鳴り続けます。これは本来遮断されている電気回路が水（海水）により通電されたということです。異極間に通電すれば短絡が起こり出火につながります。その他、セルモーターやオルタネーターは比較的低い位置に設置されており、水没すると通電しやすく、水（特に海水）を電気分解して水素を発生させることがあります。着火源としては、水に浮いた車両同士の衝突火花やクラクション鳴動時に発生する電気火花が考えられます。いずれにせよ、水位や水没していた時間、水が引いた時間等が調査のポイントになります。

車両火災について、いろいろな出火要因に分けてその見分ポイントを考えてきました。火災調査書類作成において見分時から書類作成を意識した調査を行うことが大切だということは、これまでに何度も説明してきたとおりです。車両火災の場合は、見分ポイントが比較的はっきりしているので、これまでの説明を参考にしていただければ、書類作成がずっと楽になるでしょうし、書類そのものも説得力のある的確なものになると思います。

コラム

車両前照灯（ハロゲンバルブ）の取付け不良による火災事例

前照灯を点灯して走行中の普通乗用車フロント部分から白煙が発生し、エンジンルーム内が焼きしました。

焼きは運転席側（右側）の前照灯付近に最も強く認められ、助手席側のバルブは取付けソケットから外れていました。

外れているバルブを確認したところ、バルブの根元には通常1個しか取り付けられていないはずのパッキンが2個付いた状態になっていました。

そこで、同型車からバルブを外してみたところ、パッキンがバルブから外れ、取付けソケットに張り付いた状態で残りました。

本火災は、バルブ交換時に古いパッキンの張り付きに気がつかず、パッキン付きの新しいバルブを取り付けたため、2重パッキンから固定不良に

2重パッキン

なり、走行中の振動によりバルブがはずれ出火した事例でした。

車種によっては、バルブの取付けソケットの位置が目視しにくいところにあるため、注意が必要です。

▲2重パッキンで取り付けた状況

コラム

ブレーキペダルの不具合による火災事例

走行中の4トントラックの左後輪タイヤと荷台が焼損しました。

運送会社のため、運転者は乗車する車両が毎日かわります。運転者は他車と比べブレーキが効きすぎる、アクセルを踏んでも回転数が上がらないなどの異状を感じていましたが、その後もしばらく走行していたところ、破裂音とともに後輪付近に炎と煙を確認しました。

▲焼損した車両

実況見分で前後輪を取り外し、ブレーキドラム内部を確認すると、四輪すべてのブレーキドラム内部が黒く変色していました。

また、ブレーキペダルを確認すると、正常なものと比べ、少し倒れている（ブレーキペダルを少し踏んでいる）状態で固着していることが確認できました。

固着した原因は、靴底の砂等がブレーキペダルの支点に付着したことにより、正常な位置まで戻らなくなってしまったためです。

オルガン式ブレーキペダルが採用されている場合、運転席のごみなどの異物が出火原因になりかねないので、注意が必要です。

▲運転席の状況

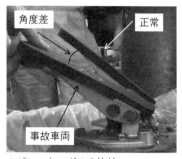
▲ブレーキペダルの比較

実例ノート

No.1 エンジンルームに置き忘れたウエスから出火

　エンジンルーム内に布（ウエス）を置き忘れたことによる出火の例です。実況見分調書などを省略し、火災原因判定書の中ですべて説明していくスタイルです。

1　り災車両の状況

　り災した車両は、△△通を東から西に向かって○○交差点付近を走行していた△□○子運転の平成13年式□□□（名古屋 500 な 0000）である。

> Point ——
> ・車両の状況、位置を簡単に示します。
> ・車両を特定する事項（車種、年式、ナンバーなど）を記述します。

2　現着時の状況

　付近住人が粉末消火器による初期消火を実施しており、おおむね鎮火状態である。車内には誰もおらず、運転手の△□○子は歩道上に座り込んでいるが、取り乱した様子はなく、受傷の様子はない。

> Point ——
> ・現着時の様子を簡記します。
> ・初期消火があった場合はその旨記述します。
> ・現着時の関係者の様子について注目します。

3　焼き状況

　焼きしたのはエンジンルーム内のみであり、ボンネットの一部及びエンジンルームのフレームの一部に塗装の変色が認められるものの、車両外周部及び車室内等に焼きは認められない。また、路面上に漏油等も認められない。

64

> Point ——
> ・外部から確認できる焼きについて確認します。
> ・エンジンルーム、外周部、車室内に分けて、焼きを説明するとよいで
> 　しょう。
> ・漏油について注目し記述します。

　エンジンルーム内は中央やや運転席側にエンジンが設置されており、その
上部のエンジンルーム内上方中央付近にエアクリーナーがあり、助手席側に
はバッテリーがある。前方にはラジエターがあり、ラジエターの運転席側の
横にはエキゾーストマニホールドと接続された触媒のカバーがある。

> Point ——
> ・エンジンの状況と各部の配置を簡記します。
> ・車両の場合は方向が明確ですので、方位ではなく前後左右という表現も
> 　可能です。
> ・運転席側、助手席側という表現もあります。

　ボンネット表面塗装の一部変色は、エアクリーナーが設置されている上方
部分及びボンネット先端やや助手席側のみである。また、エンジンルームの
フレームの一部変色は、エアクリーナーが設置されている前方のフロントグ
リル上部のみである。

> Point ——
> ・焼き状況について、焼きの弱い部分から示していきます。
> ・焼きの強弱について、「変色」という表現で焼きが弱いことを示します。

　エンジンルーム内の配線やバッテリー等に焼きは認められず、またエンジ
ン内のエンジンオイルも適量で、オイルが漏れた形跡はない。

> Point ——
> ・バッテリー、配線について確認します。

実例ノート No.1 エンジンルームに置き忘れたウエスから出火 65

・オイルの量を確認します。
・オイル漏れの痕跡について確認します。

エンジンルーム内のほぼ中央に設置された樹脂製エアクリーナーケースの前方やや助手席側付近が焼き溶融し、一部円形状に焼け抜けている。エアクリーナーケースの前にあるラジエター背面のクーリングファンが一部溶融、焼失している。これらは下方に至るまで樹脂が溶融しているが、それ以外の部分は煤け、変色、溶融はエンジンルーム上部に限られ、下方に焼きは認められない。

Point ——
・樹脂の溶融、焼失など、焼けの強弱を示す表現で焼き状況を示していきます。
・高さによる焼けの違いに注目し、下方に異状が認められる部分を示します。

ラジエター背面の下部（樹脂製エアクリーナーケースが溶融している箇所の前方下付近）及びラジエターの運転席側の横に設置されている触媒カバーに、炭化した付着物が認められる。触媒カバーを取り外し、付着物を観察すると繊維が確認できる。付着物は炭化し、触媒カバーの外側に張り付いており、その部分の触媒カバーには変色が認められる。触媒カバーの裏側には付着物はなく、一部変色しているものの、その程度は外側に比べわずかである。

Point ——
・異状の認められる状況を見たまま記述します。
・異状のある部分（付着物のある部分）の位置を明らかにします。
・付着物について観察します。
・付着物が何であるかを特定するため、付着物及び付着物と推定されるもの（新品のウエス）を鑑識に出します。
・周囲の焼けの状況に注目し記述します。
・触媒カバーの外側と裏側の焼けの差を確認し、焼けの方向性を示します。

4 関係者の口述

出火車両を運転していた△□○子は、次のとおり口述している。

(1) 出火当日朝にガソリンスタンドにて給油の際、エンジンルームの点検を依頼している。

(2) り災車両に事故歴はなく、修理、改造、部品の後付けなどは行っていない。

(3) 出火当日まで、り災車両に不具合はなく、エンジンなどの不調もない。

(4) 出火時はボンネットから黒い煙の噴出を確認している。

(5) 出火時爆発音などは聞いていない。

(6) 出火時にハンドル、ブレーキは正常に働いている。

> Point——
>
> ・点検状況について確認します。
>
> ・事故歴、修理歴について確認します。
>
> ・不具合、不調の有無を確認します。
>
> ・出火時の状況を確認します。特に、煙の色、噴出箇所、爆発音の有無を明らかにします。
>
> ・白い煙→オイル系の燃焼直前の特徴
>
> ・黒い煙→樹脂製品の燃焼
>
> ・爆発音→ガソリンへの着火が疑われます。
>
> ・出火時の車両の様子について確認します。
>
> ・ハンドルが重くなった。→パワーステアリングフルード漏れが疑われます。
>
> ・ブレーキが効かなくなった。→ブレーキフルード漏れが疑われます。

5 リコール等情報

り災した車両に対するリコール及び改善対策はない。

> Point——
>
> ・リコール等について確認し、明記します。

実例ノート　No.1　エンジンルームに置き忘れたウエスから出火　67

6　鑑識結果

　付着物からウエスと同成分が検出され、付着物はウエスである可能性がある（可能性が高い）。……等

7　出火原因

⑴　電　気

　エンジンルーム内の電気配線に短絡痕は認められず、またバッテリーに異状が認められないことから、電気による出火の可能性はない。

⑵　ガソリン等の漏油

　エンジン内のエンジンオイルも適量でオイルが漏れた形跡もなく、また路面上に漏油痕も認められないことから、漏油による引火の可能性はない。

⑶　放　火

　焼き、溶融が認められるのは触媒カバーの横にあるクーリングファン及びラジエター上部付近にある樹脂製エアクリーナーケースであること及び走行中であったことから、放火の可能性はない。

> Point——
> ・考えられる発火源を列挙し、見分結果を引用して否定していきます。

⑷　触媒カバーへの可燃物の接触

　触媒カバー及びラジエター背面の下部に繊維様の付着物が認められたこと。

　焼き、溶融が認められるのは触媒カバーの横にあるクーリングファン及びラジエター上部付近にある樹脂製エアクリーナーケースであること。

　鑑識結果から、繊維様の付着物はウエスである可能性がある（可能性が高い）こと。

　△□○子は、出火当日朝にガソリンスタンドにて点検を実施していると口述していること。また、エンジンルーム内であるため、点検等のためウエス等を置き忘れる可能性があること。

　以上のことから触媒カバーに繊維のような可燃物が接触し、着火出火した可能性は高い。

⑸　その他の原因

り災箇所の状況から判断すると、上記以外に検討すべき原因は考えられない。

> Point ——
> ・本火災は、出火原因と出火箇所が密接に関係していますので、改めて出火箇所を項目として示さなくとも、結論にて明らかにすることで足りると思われます。

　以上の理由から、本火災は△□○子が当該車両を運転中、エンジンルーム内に置き忘れたウエスが触媒カバーに接触、その熱で着火し、クーリングファン及びラジエター上部付近にある樹脂製エアクリーナーケースに延焼したものと推定する。
　以下余白

> Point ——
> 結論は、次の項目を明らかにします。
> ・出火時の車両の状況
> ・着火物
> ・発火源
> ・出火に至る経過
> ・延焼媒体

実例ノート No.1 エンジンルームに置き忘れたウエスから出火　69

- エンジン
- バッテリー
- エアクリーナー（焼き箇所）
- ラジエター

▲エンジンルーム内の状況

- エンジン
- バッテリー
- エアクリーナー

▲同型車のエンジンルーム

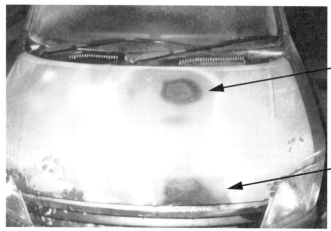

エンジンルーム内エアクリーナー付近のボンネット表面塗装が一部変色

先端部分のボンネット表面塗装及びエンジンルームのフレームが一部変色

▲ボンネット表面の焼き状況

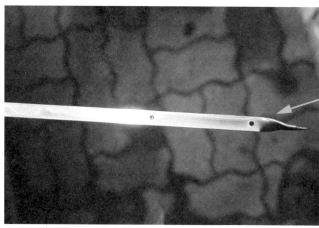

エンジンオイルは適量

▲エンジンオイルのレベルゲージを確認

実例ノート No.1 エンジンルームに置き忘れたウエスから出火　71

▲触媒カバーへの付着物の状況

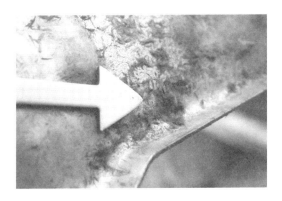

No.2 改造車からの出火

車両の改造車が電気的要因で出火した例です。改造されているか否かは一見してわからない場合もありますので、必ず販売会社、メーカーなどの協力を得て確認するようにしてください。

改造された車両は、通常では考えられないような出火要因を内包している可能性があります。より厳しく観察する姿勢が必要でしょう。

1 り災物件の状況

り災したのは、○○区○○町の国道N号線○○交差点付近を北進走行していた□井△□子が運転する普通乗用車（平成6年式○○○○名古屋NNあ00-00）である。

> Point───
> ・車両の状況、位置を簡単に示します。
> ・車両を特定する事項（車種、年式、ナンバーなど）を記述します。

2 現着時の状況

最先着小隊の小隊長である□□消防司令補は、現着時の状況及び消火活動等について、次のように報告している。

(1) り災車両は、ボンネットの左右から炎を噴出させていたが、車室部、タイヤなどの延焼は認められなかった。また、ボンネットは閉まっていた。

(2) エンジンは停止していた。

(3) ボンネットを破壊器具を用いて開放し、噴霧注水にて消火を行った。

(4) 二次災害防止を図るため、バッテリー端子を確認したところ、プラス側が一部溶融し、既にターミナルが脱落していたので、そのままとした。

(5) り災車両の後部の路上約10メートルにわたり、オイルと思われる油が認められたので、乾燥砂2袋にて処理した。

実例ノート　No.2　改造車からの出火　73

> Point ――
> ・現着時の様子を簡記します。
> ・出火箇所の判定に結びつく火災の初期状況について記述します。
> ・エンジンの作動について記述します。
> ・消火活動に伴うり災物件への破壊、移動などを行った場合は明らかにしておきます。
> ・消火活動時に確認した事項があれば明記します。
> ・漏油などの異状があれば記述します。

3　焼き状況

　外周を見ると、ボンネットに焼けが見られるほかは車室部、トランクルームに焼きはなく、タイヤもパンクしていない。運転席のドアを開け、車室内を見ると、フロントウィンドウガラスがわずかに曇っているものの、異状は認められない。

> Point ――
> ・外部から確認できる焼きについて確認します。

　エンジンルームの下を見ると、溶融した樹脂が付着しているが、煤はほとんど付着しておらず、触媒カバー、排気管の周囲にも焼けは認められない。

> Point ――
> ・下部も必ず確認します。
> ・下部の焼き状況について記述します。
> ・触媒、排気管及びその周囲に注目します。

　ボンネットを開けてエンジンルームを見ると、ボンネット裏、中央前部付近が30センチメートルほど円形に白く変色している。
　エンジンルーム内は中央に縦置きでエンジンが設置されており、右側が吸気で左側が排気となっている。ターボチャージャーとエアクリーナーは左側

に設けられており、バッテリーは右側である。

> Point ——
> ・エンジンの状況と各部の配置を簡記します。
> ・車両の場合は方向が明確ですので、方位ではなく前後左右という表現も可能です。
> ・運転席側、助手席側という表現もあります。

フロントグリル、ヘッドライトはほとんど溶融しておらず、配線にも異状は認められない。

> Point ——
> ・ヘッドライトへの配線について確認しておきます。

エンジンルーム上面の焼けを見ると、後部（車室側）は全体に煤が付着し、配線被覆及び樹脂部品が一部溶融しているが、残存部分も多く特に強く焼きした箇所は認められない。

ブレーキフルードリザーブタンクには異状がなく、フルードは定量線の位置まで満たされている。

前方のラジエター側を見ると、エンジンカムカバー付近に設けられた樹脂部品が前部のみ強く溶融している。ラジエター付近のファン、ファンカバーはすべて焼失している。

左側前部にあるエアクリーナーが中央側（右側）に向かって倒れこむように溶融している。右側前部のバッテリーは左側の側面が大きく溶融している。溶融は左側側面から上部にかけて広がっているが、右側側面に至っていない。

> Point ——
> ・焼けの方向性を示すためにエンジンルームの後部と前部に分けてそれぞれ焼き状況を示していきます。
> ・前部についても、左右にあるバッテリー、エアクリーナーの焼けに注目して焼けの方向性を示していきます。
> ・ブレーキフルードの漏れについて確認します。

バッテリーの右側端子は接続されたままであるが、左側端子は先が欠損しており、ターミナルは外れている。いずれの端子にも溶痕は認められない。

バッテリー周囲の配線は、プラス側（左側）のものを中心にほとんど被覆が焼失しているが、溶痕は認められない。

> Point ——
> ・バッテリーの端子は必ず確認します。
> ・配線について確認します。

ラジエターを見ると、下部から上部にかけて黒く変色している。ラジエターとエンジンの間には大きな空間が開いており、メンテナンスマニュアルの写真によればファンカバーを始めとする樹脂製品が設けられているが、これらはすべて焼失している。

マニホールド（排気側）を見ると、オイル等の付着は認められず、変色もない。

吸気側（インテーク側）前部付近には、燃料系の配管といくつかの配線があるが、いずれも樹脂部分は焼失しており、金属部分もほとんどが強く焼きし錆が出ている。これら配線・配管の焼きはほかの部分と比べても強い。

露出した配線を確認すると溶痕は認められない。

> Point ——
> ・焼けの状況を記述していきます。
> ・焼けの方向性を示していきます。
> ・マニホールドへのオイルの付着、燃焼の痕跡を確認します。
> ・配線について確認します。

エンジンの右側にはオイルエレメントがあるが、これはメンテナンスマニュアルにて示すものと、位置、形状が異なっている。当該オイルエレメントは、エンジンから上方へ引き出された2本のステンレスメッシュで覆われた配管の先に設けられている。オイルエレメントに変形は認められないが、全体に変色し、錆びている。

> Point ——
> ・ノーマルな状態ではない箇所があれば、同型車、メンテナンスマニュアルなどで確認し、状況を示します。

　オイルエレメントの下方には、オルタネーターがある。B端子を確認すると、緩みはない。B端子を覆う樹脂カバーはほとんど焼失し、端子の端に炭化物が付着している。

　B端子への配線を見ると、オイルエレメントに伸びるステンレスメッシュで覆われた配管と接している。

　B端子への配線を外し観察すると、配管と接していた部分に溶痕が確認できる。

　配管を見ると、B端子への配線と接していた部分に1.5センチメートルほどの穴が開いている。さらに確認すると、その上方、オイルエレメントの下約3センチメートル付近がボディシャーシに接しており、その部分も2センチメートルほど穴が開いている。

> Point ——
> ・オルタネーターについて確認します。
> ・オルタネーターのB端子に注目し、緩みを確認します。
> ・配線などに異状がないか確認し、異状があれば状況を記述します。

　エンジンオイルの量を確認すると、ゲージにはほとんど油がついていない状態である。

> Point ——
> ・オイルの残量を確認します。

　エンジンルーム内のヒューズボックスを確認するが、樹脂が溶融・溶着しており確認できない。

　車室内のヒューズボックスを確認するとすべてのヒューズに溶断は認められない。

実例ノート　№2　改造車からの出火　77

> Point ——
> ・ヒューズの状況を確認します。

4　関係者の口述

　車両を運転していた□井△□子は次のように口述している。なお、り災車両の所有者である□山□夫については、連絡をとるも、口述を拒否している。

⑴　出火まで3時間ほど高速道路を含み運転を続けていた。

⑵　走行中、異状には気づいていない。

⑶　出火直前に信号停止したところ、エアコンの噴出口から黒い煙が噴出したのでそのまま20メートルほど走行して車を止めると、ボンネットからも黒い煙が噴出した。その際、炎は見ていない。

⑷　煙の噴出時には爆発音などは聞いていない。

⑸　り災車両は、恋人（□山□夫）から借用したもので、改造、修理履歴についてはわからない。

⑹　出火時にハンドル、ブレーキは正常に働いている。

> Point ——
> ・不具合、不調の有無を確認します。
> ・出火時の状況を確認します。特に、煙の色、噴出箇所、爆発音の有無を明らかにします。
> ・白い煙→オイル系の燃焼直前の特徴
> ・黒い煙→樹脂製品の燃焼
> ・爆発音→ガソリンへの着火が疑われます。
> ・出火時の車両の様子について確認します。
> ・ハンドルが重くなった。→パワーステアリングフルード漏れが疑われます。
> ・ブレーキが効かなくなった。→ブレーキフルード漏れが疑われます。
> ・事故歴、修理歴について確認します。

5 リコール等情報・改造等

り災車両（△社製型式X‐NNZZ　19XX年）にはリコール等情報はない。しかし、△社サービス担当者△△によれば、オイルエレメントは純正の位置になく、改造が施されているとのことである。また、メンテナンスマニュアルによっても、オイルエレメントの取付け方、形状が異なっていることが確認できる。

> Point──
> ・リコール等について確認し、明記します。
> ・改造について確認します。

6 出火原因

(1) 放　火

焼き、溶融が認められるのはエンジンルームに限られ、走行中であったことから、放火の可能性はない。

> Point──
> ・走行中であることから放火を否定します。

(2) ブレーキフルードへの着火

出火までブレーキ作動に異状はなく、ブレーキフルードの漏もないことから、ブレーキフルードが漏れ着火した可能性はない。

(3) パワーステアリングフルード及びATF（オートマチックトランスミッションフルード）への着火

見分において、パワーステアリングフルード及びATFの漏れは確認できないが、パワーステアリング作動及びトランスミッション作動に異状はなく、マニホールドにフルードの付着が認められないこと、出火直前に確認した煙が黒かったことからパワーステアリングフルード又はATFが漏れ着火した可能性はない。

実例ノート　No.2　改造車からの出火　79

> Point ——
> ・見分の状況と出火直前の異状の有無を示します。
> ・フルードの漏れは高温の発熱体への接触で発火に至ります。可能性を検
> 　討します。

(4)　エンジンオイルへの着火

　先着小隊が漏油を確認し処理していること、エンジンオイルの残量がほと
んどないこと、オイルエレメント接続配管に穴が開いていたことなどから、
エンジンオイルが漏れたことが推定できる。しかし、エンジンオイルが漏れ
た位置は吸気側で、マニホールドなどの高温物にはかからず、マニホールド
にもオイルの付着、焼きが認められないことから、漏れたエンジンオイルが
マニホールドにかかり出火した可能性はない。

> Point ——
> ・エンジンオイルは電気火花では着火する可能性は低いです。高温物への
> 　接触の可能性を検討します。
> ・エンジンオイルが高温物に接触していればシミ、変色、オイルの付着な
> 　どが認められるはずです。
> ・エンジンオイル等が付着した可能性がある場合は、ウエスに付着させ、
> 　残っているエンジンオイル等と一緒に鑑識に出しましょう。

(5)　ガソリンへの着火

　焼きはエンジンの吸気側前部付近が最も強く、周囲の焼きもエンジン前部
右側付近から広がった様子が認められることから、この付近の燃料配管から
漏れたガソリンに着火したことが推定できるが、出火時に走行が可能であっ
たこと、爆発音を聞いていないこと、出火直後は爆発的な燃焼ではなかった
ことなどから、ガソリンへの着火は二次的なものと推定できる。

> Point ——
> ・一般的にガソリンに着火し、出火した場合は爆発音を伴います。
> ・燃焼の状況から、初期の段階でガソリンに着火したのか、二次的なもの

なのかを検討します。

(6) バッテリーの異状

バッテリーの端子に異状は認められないこと、バッテリーは溶融しているものの、破裂した様子は認められないこと、バッテリー付近の配線、金属部分に溶痕が認められないことからバッテリーの異状による出火の可能性はない。

> Point──
> ・端子、周囲の配線、金属部品などの溶痕の有無を確認します。
> ・バッテリーが破裂した痕跡の有無を確認します。

(7) オルタネーターB端子の緩み

オルタネーターB端子付近の配線に溶痕が認められるが、端子自体の緩みはなく、当該端子が緩み火花を発生、又は発熱した可能性はない。

> Point──
> ・オルタネーターB端子の緩みから、火花の発生、発熱の有無について検討します。

(8) オルタネーターの配線とオイルエレメント配管の接触による短絡

B端子付近の配線に溶痕が認められ、この位置はオイルエレメントへの配管と接する位置と一致する。配管の当該位置にも穴が認められる。また、配管とボディシャーシの接する位置にも穴が開いている。当該配管は表面がステンレスメッシュであり、穴の開いた部分は欠損している。以上のことから、B端子への配線とオイルエレメントへの配管のステンレスメッシュが接触し、配線被覆が損傷した結果、オルタネーター、B端子、ステンレスメッシュ、ボディシャーシへと回路が形成され、ステンレスメッシュが発熱した可能性が高い。なお、樹脂製のB端子カバーはほとんど焼失し、炭化した一部のみが残存していたことから、配線被覆又は樹脂製B端子カバーに着火したものと推定できる。

⑼　その他の火源

　り災箇所の状況から判断すると、上記以外に検討すべき原因は考えられない。

> Point ——
> ・車両火災は、出火原因と出火箇所が密接に関係していることが多いので、改めて出火箇所を項目として示さなくともよいと思われます。
> ・放火などの場合は「どこに着火させたか」が重要な項目となりますので、別に出火箇所という項目を示し、出火箇所を明確にすることが望ましいです。

　以上のことから、本火災は、改造したオイルエレメントに至る配管がオルタネーターB端子への配線に接触していたことから、走行により当該配線被覆が損傷し、配管を覆うステンレスメッシュに接触、さらにステンレスメッシュがボディシャーシに接触して短絡回路を形成したため、ステンレスメッシュが発熱しB端子への配線被覆又は樹脂製のB端子カバーに着火し、周囲の樹脂製部品に延焼、その後、火災により燃料配管から漏れたガソリンにも着火したものと認める。

　以下余白

> Point ——
> 結論は、次の項目を明らかにします。
> ・出火起因となった改造、欠陥など
> ・短絡回路の形成された経緯
> ・発火源
> ・着火物
> ・出火に至る経過
> ・延焼媒体、延焼経緯

▲車両全景

▲エンジンルーム内

▲B端子付近の状況―配線と配管が接触している。

実例ノート No.2 改造車からの出火 83

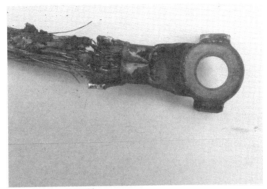
▲B端子への配線

▲B端子への配線―溶痕部分

▲ヒューズの状況

No.3 逆 火

　逆火により出火した例です。最近の国産普通乗用車はインジェクション仕様となっているので逆火は起こりません。しかし、本例のように少々古い大型外国車などはキャブレター仕様のものが多くあります。国産車でも古いものはキャブレター仕様が中心でした。しかし、最近では多くのキャブレター車はすでに廃車になっているようです。なお、外国車は国産車に比べ車歴が長い、つまり古くなっても乗り続ける傾向があるようなので、逆火による出火例は外国車に多いように思われます。

　本例は比較的小規模の焼き事例で、焼き部分が限られているので、焼き状況についての記述は簡潔に済ませています。

1　り災車両の状況

　り災した車両は、○○交差点を西から東へ向かって走行していた△村□夫所有の1965年式アメリカ製○○○○（名古屋 XXX あ NNN）という大型乗用車である。

Point ——

・り災車両の出火時の位置を簡記します。

・り災車両の年式、車名を記述します。

・車両を特定する事項（ナンバーなど）を記述します。

・所有者又は運転者を記述します。

2　現着時の状況

　男性1名（△村□夫）が消火器による初期消火を行っている。初期消火はおおむね成功しており、ボンネットは開けた状態である。エンジンルーム内の一部がくすぶっているものの、ほぼ鎮火状態であるので、エンジンルーム内にのみ噴霧注水を行い、鎮火を確認する。

実例ノート №3 逆火 85

> Point ——
> ・現着時の様子を簡記します。
> ・初期消火があった場合はその旨を記述します。
> ・ボンネットの開閉など現着時に車両に対し行われていた行為を確認します。
> ・実施した消火行為について簡記します。

実例ノート No.3

3 焼き状況

　焼きしたのは、エンジンルーム及びボンネット部分だけであり、車室、トランクなどには焼きは認められない。ボンネットを閉め見分すると、ボンネットの表面は、部分的に塗装の一部剥離及び変色が認められ、中央付近が特に激しく剥離、変色している。ボンネットを開け確認すると、この焼き部分はエアクリーナーが設置されている上方部分と一致する。ボンネットの裏側を見ると、全体に煤の付着と変色が認められ、特にエアクリーナーに対峙する位置は円形に焼き物が付着し、変色も強くなっている。

> Point ——
> ・車両の全体の焼けについて簡記します。
> ・最も外側の焼きから確認していきます。
> ・焼けの強い部分の位置を確認します。
> ・ボンネットの表と裏の状況を示します。

　エンジンルーム内を見ると、ほぼ中央に設けられたエアクリーナー付近が焼きしている。エアクリーナーより下方については、ほとんど焼きは認められない。

　エアクリーナー付近の電気配線、ディストリビューターなどを見ると、エアクリーナーに面する部分が一部焼き、又は変色している。

　ディストリビューター内部には焼きは認められない。また、電気配線及びディストリビューターに接続されたハイテンションコードは、被覆が一部溶融しているものの短絡痕は認められず、ヒューズも特に異状はない。

オルタネーターはエンジンの下方に位置しており、オルタネーター付近に焼き及び異状は認められない。

> Point——
> ・焼けの方向性を簡単に示します。
> ・焼けの方向の高さについても注目します。
> ・ディストリビューターの内部、外部の焼けを比較します。
> ・電気関係の異状について否定する状況を記述します。

エアクリーナー周辺の配管類に焼きはなく、破損による漏油等も認められない。また、アクセルワイヤーも正常に作動している。

エンジン内のエンジンオイルを確認すると、オイル量は適量で、路面上に漏油等も認められない。

> Point——
> ・エンジンオイルの漏洩について確認します。
> ・漏油の痕跡について注目します。
> ・配管などの破損に注目します。

エアクリーナーキャップは上部に変色が認められる。取り外して内部を確認すると、内側は強く変色し煤が付着しており、外側よりも焼きが強い。また、エアクリーナーフィルターは部分的に焼きしている。

エアクリーナーを取り外しキャブレター内を見ると、内部は焼きし、変色と煤の付着が認められる。

> Point——
> ・焼けの方向性について、エアクリーナーの外部と内部の比較を示し、内部からであることを示します。
> ・キャブレター内部の異状について記述します。

4 関係者の口述

所有者の△村□夫は、別添質問調書のとおり口述している。

5 出火箇所

ボンネットの変色状況、エアクリーナーフィルター及びエアクリーナーキャップの焼き状況並びに所有者の△村□夫がエアクリーナー部分から炎が立ち上がっていたと口述していることから、エンジンルーム内のエアクリーナー内部から出火したものと考えられる。

> Point──
> ・出火箇所について見分内容と関係者の口述内容を引用して検討します。

6 出火原因

⑴ 電　気

電気配線やハイテンションコードに短絡痕は認められず、ヒューズにも異状が認められないことから、電気による出火の可能性はない。

⑵ ガソリン等の漏油

エアクリーナー周辺のパイプ類に破損はなく、漏油も認められないことから、漏油による引火の可能性はない。

⑶ 放　火

出火箇所がエンジンルーム内であること及び走行中であったことから、放火の可能性はない。

> Point──
> ・考えられる出火原因について、見分内容などから検討し否定します。

⑷ 逆　火

出火箇所はエアクリーナー内部であり、△村□夫が今まで走行中に時々ガソリン臭がすることがあったこと、出火時に大きな音がしたことを口述している。また、キャブレター内部に煤の付着が認められ、キャブレター内部で燃焼があったことが推定できることから、逆火による出火の可能性は高い。

> Point ——
> ・ガソリン臭の有無について記述します。
> ・出火時の音について記述します。
> ・見分内容から、キャブレター内部の燃焼の有無について検討します。

(5) その他の原因

り災箇所の状況から判断すると、上記以外に検討すべき原因は考えられない。

以上のことから、出火原因は逆火によるものと認められる。

7 結 論

本火災は所有者の△村□夫が当該車両を運転中に、何らかの理由で逆火が発生し、キャブレターからの逆火がエアクリーナーフィルターに着火し、エンジンルーム内から出火したものと認める。

以下余白

> Point ——
> 結論は、次の項目を明らかにします。
> ・出火時の車両の状況
> ・着火物
> ・発火源
> ・出火に至る経過
> ・延焼媒体

実例ノート No.3 逆 火 89

▲ボンネットの焼き状況

▲エンジンルーム内の焼き状況

▲エアクリーナーキャップの内側

▲エアクリーナーの焼き状況

実例ノート No.3 逆火

▲キャブレターの焼き状況

No.4　駐輪場内の放火

　共同住宅ビルの１階駐輪場内の放火による原動機付自転車からの出火事例
です。原動機付自転車のみが焼損したとしても、建物内の駐輪場での火災で
すので、火災種別は「建物火災」となります。ですから、火災調査書も建物
火災として詳細に作成しなければならないのですが、実状は車両火災と変わ
りありません。このような場合は、実況見分も簡潔に示せば足りる部分が多
いと思います。

　本例では実状に応じて簡潔に示すことができる部分と、そのような状況で
あっても詳細に見分として示すべき部分との見極めについても意識して説明
していきます。

1　り災場所の状況

　り災場所は、現場付近図に示すとおり、国道○○号線西行き車線の、○○
バス停南東約200メートルに位置するTTマンションである。

　このTTマンションは、△山□男が管理している間口17メートル奥行14メー
トル耐火造８階建て共同住宅で、平面図に示すとおり、１階にマンション出
入口、駐輪場及び駐車場が設けられ、駐車場部分は建物北側へと貫通し、２
階から住居となっている。

> Point ——
> ・り災建物の位置、規模（間口、奥行き、階数、構造等）を示します。
> ・位置は公共建物、幹線道路、目印となる建造物などから方位と距離を示
> 　して表します。バス停なども利用できます。
> ・建物の用途を明らかにします。状況により敷地の状態も示します。
> ・建物の状況について示します。
> ・この段階で「出火建物」「出火箇所」という言葉は使えません。「り災し
> 　た」という事実を示すだけです。焼損程度も詳しく述べる必要はありま
> 　せん。
> ・建物の概要は基本的にはどのような火災でも同じように示していきま
> 　すが、簡易なものは「平面図に示すとおり〜」として簡潔に示すことで

もよいでしょう。

2 現着時の状況

1階部分駐輪場の自転車に消火器の薬剤が付着し、コンクリート製床にも薬剤が堆積している。南側壁際に焼きした原動機付自転車が確認できる。

原動機付自転車は初期消火に成功しており、すでに鎮火している。

> Point ——
> ・ほぼ鎮火状態であれば、その状況と初期消火の状況を示す痕跡などに注目し、消防隊の活動状況、火煙の状況などは省略することもできます。
> ・特異な状況（灯油臭など）があれば記載します。

3 焼き状況

焼きは、1階駐輪場に集中しており、2階からの住居部分には確認されない。

> Point ——
> ・建物のどの部分（どの階）がり災しているかを明確に記述することにより、り災していない部分の見分を省略する根拠とします。

1階駐輪場は、1階平面図に示すとおり、建物の西側に位置し、間口8.5メートルのうち、間口3.8メートル奥行き6.75メートルが駐輪場となっている。

駐輪場を除く部分は、住居への出入口となっており、北側に屋内階段及びエレベーターが設置されている。

出入口は、ガラス製両開きドアで、焼き、破損はない。

> Point ——
> ・見分すべき駐輪場の概要について簡記します。

コンクリート製床には、消火薬剤が堆積しているのが確認される。

この駐輪場内で焼きが確認されるのは、南側壁際に置かれた原動機付自転

車、南側壁体及び原動機付自転車下部に放置された傘のみで、原動機付自転
車北側に置かれた自転車に焼きはない。

> Point ——
> ・駐輪場の中でどの部分が焼損しているかを大まかに示します。

　南側壁体を見分すると、原動機付自転車から上部に向かい煤が付着してい
るのが確認され、天井部分で大きく拡大している。しかし、壁体の脱落はなく、
焼きしている箇所もない。

> Point ——
> ・見分対象を、建物→１階→駐輪場→自転車など→原動機付自転車付近と
> 　絞り込んでいきます。

　原動機付自転車を見分すると、焼きは前部のステップからハンドルに取り
付けられたカウル部分に集中し、燃料タンクの位置する後部に焼きはない。
　カウル及びステップは焼失、一部が溶融し原動機付自転車下部に確認され
る。
　また、ステップ部分に当たるフレームに強い焼きが確認され、カウルの溶
融物が付着している。
　前輪に焼きはなく原形を保っている。

> Point ——
> ・出火箇所とみられる原動機付自転車については、詳細に見分を行います。
> ・焼きの状況を示し、部分ごとの焼きの強弱を表せるように見分を示しま
> 　す。

　また、後輪部分に取り付けられた原動機にも焼きはなく、座席から後部は
残存し、燃料給油口の蓋は閉じられた状態である。
　ハンドル及びフレーム部分には配線類が集まっているが、この配線類に特
異な焼き、断線はなく、フレーム部分に取り付けられたバッテリーも原形を
保ち残存しており、異状な配線の接続もない。

なお、キーボックスにキーは差し込まれていない。

> Point ――
> 原動機付自転車は次の部分に注目します。
> ・燃料タンク及び給油口
> ・原動機（エンジン）
> ・配線類（特にハンドル付近）
> ・バッテリー
> ・イグニッションの状況（キーの状況）

4 出火箇所

1階駐輪場内南側壁際に置かれた原動機付自転車（名古屋市□あ1234）付近と認める。

理　由

(1) 焼き状況が、この原動機付自転車のみであること。

(2) 原動機付自転車直近の南側壁体に煤の付着が見分されること。

> Point ――
> ・出火箇所について明記します。
> ・出火箇所及び理由などは、当たり前のような内容ですが、きちんと明記しておいてください。当たり前だと思うのは、現場を見たことのある者だからです。

5 出火原因

(1) 配線不良について

キーボックスにキーは差し込まれておらず、配線に異状な接続もない。また、バッテリーにも異状はないことから配線不良による出火とは考えられない。

(2) 放火について

ア　出火箇所は駐輪場南側壁際で、この場所は南側の公道からは死角とな

る。

イ　原動機付自転車の近くに焼きした傘が確認されるが、この周囲の自転車に焼きはない。

ウ　原動機付自転車の近くに火源となる物がない。

以上のことから、何者かが駐輪場に止めてあった原動機付自転車のステップ付近で傘に火をつけ、放置した可能性は非常に高い。

> Point──
> ・放火以外で可能性のある出火原因は必ずすべて検討し、見分内容を引用して否定します。

6　結　論

以上の調査結果から本火災の出火原因は、何者かがTTマンションの1階駐輪場に侵入し、ライター等で傘に火をつけ、南側壁際に止めてあった原動機付自転車ステップ付近に投げ捨てたため、原動機付自転車に延焼、南側壁体を煤により汚損したものと認定する。

以下余白

> Point──
> 結論は次のポイントを網羅するよう心がけます。
> ・誰が（放火など不明の場合は「何者かが」とすればよいでしょう。）
> ・発火源（火のついた傘）
> ・着火物（原動機付自転車ステップ）
> ・人的経過（放火）
> ・燃焼経過
> ・り災物件
> ・認定か、推定か

実例ノート No.4 駐車場内の放火

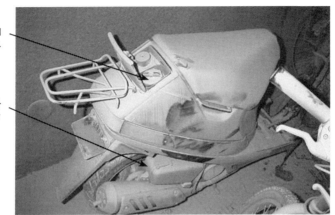

燃料給油口は閉じられている。

原動機部分に焼きはない。

▲原動機付自転車後部を見る。

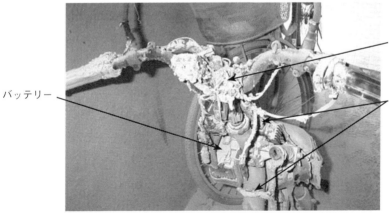

バッテリー

配線類に焼きはない。

カウル及びステップは焼失し、一部溶融物が下部に確認される。

▲前部フレーム部分を見る。

▲原動機付自転車下部の傘を見る。

- 自転車に焼きはない。
- 金属部分のみの傘
- 原動機付自転車の前輪に焼きはなく残存している。

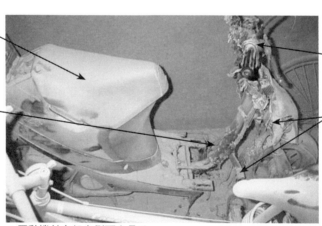

▲原動機付自転車側面を見る。

- シートに焼きはなく、ガソリンタンクにも異状はない。
- 強い焼きが確認され、溶融物が付着している。
- 配線類に焼きはない。
- カウル及びステップは焼失し、一部溶融物が下部に確認される。

No.5 シートレールにはまり込んだ ライターから出火

簡易ライターがシートレールにはまり込んで出火した例を取り上げます。

本例のように特殊な状況による出火が確認されたら、できる限り復元、再現を行うように心がけてください。同型の簡易ライターを用意して、物理的に出火に至る状況が起こり得ることを確認するとともに、写真を撮って記録しておきましょう。

1 り災物件の状況

り災したのは、○○区○○町○○方駐車場に停車されていたワンボックス型の普通乗用車（平成○○年式○○○○名古屋 NN あ 00-00）である。本車両は○○△男が所有、占有している。

Point ——
・車両の状況、位置を簡単に示します。
・車両を特定する事項（車種、年式、ナンバーなど）を記述します。

---

2 現着時の状況

最先着小隊の小隊長である□□消防司令補は、現着時の状況及び消火活動等について、次のように報告している。

⑴ り災車両は、運転席窓ガラスの上部から黄色い煙を噴出させていたが外周部に焼きはなく、タイヤなどの延焼は認められなかった。運転席の窓ガラスは2センチメートルほど開いていた。そのほかの窓についてはすべて閉まっていた。

⑵ エンジンは停止していた。

⑶ 運転席ドアはロックされていたが、そばにいた関係者からキーを受け取りドアを開放、インパルスにて消火を行った。

⑷ 前部座席の中央コンソールボックス付近に火炎を認めたが、インパルスによる消火によりすぐに鎮圧できた。

```
Point ──
・現着時の様子を簡記します。
・出火箇所の判定に結びつく火災の初期状況について記述します。
・エンジンの作動について記述します。
・ドアの施錠状態、窓の開放状況、消防隊の行った開錠作業などについて
　明記します。
・消火活動に伴うり災物件への破壊、移動などを行った場合は明らかにし
　ておきます。
・消火活動時に確認した事項があれば明記します。
```

3　焼き状況

　外周には焼きはなく、タイヤもパンクしていない。運転席の窓ガラスとその上部に煤が付着しているが、そのほかの部分には異状は認められない。

```
Point ──
・外部から確認できる焼きについて確認します。
```

　り災車両はワンボックス型であるが、エンジンは前方ボンネット内に設置されている。ボンネットを開けてエンジンルームを見ると、焼き、変色などはなく、異状は認められない。

```
Point ──
・エンジンルームについて確認します。
・エンジンルームに焼きがなく、エンジンからの出火が全く疑われない場
　合は、このように異状がない旨を簡記すれば足りるでしょう。
```

　車室内を見ると、焼きは前部座席及びセンターコンソール付近に限られ、ダッシュボード、後部座席に異状は認められない。天井部分はセンターコンソール上部に当たる部分に一部溶融と煤の付着が認められるが、目立った焼きはない。

> **Point** ——
> ・焼きしている部分が限られているので、焼きした部分を示し、それ以外については異状がないとしておけばよいでしょう。

　助手席シートを見ると、床付近の右側面の樹脂が溶融し、その上部のシート地、ウレタンが焼きしている。中央から左側面には焼きは認められない。右側面の焼きはシート後方、最下部付近が強いが、シート真下部分のウレタンに焼きは認められない。

> **Point** ——
> ・助手席シート、コンソール、運転席シートと分けて見分を行っていきます。
> ・焼けの弱いもの（出火箇所から遠いもの）から示すようにします。
> ・焼けの方向性を示す焼き状況に注目します。
> ・方向を示す場合は、一般には方位を用いますが、車両の場合は進行方向に対し前後左右で示します。

　センターコンソールは、右側（運転席側）の溶融が強く、上部の布張り部分にも焼きが認められる。後方の缶ホルダー付近には溶融は認められない。センターコンソールを外すと、コンソール下のフロアカーペットが溶融し一部炭化している。
　運転席シートを見ると、左側後部を中心に強く焼きしている。その焼きは助手席側より強い。運転席シートの右側面はほとんど焼きしておらず、シート全体の右半分ほどは原形をとどめている。

> **Point** ——
> ・シートなどの焼きについて焼けの方向性を示すように記述していきます。

　運転席シートを外し、シート下部を見ると、パワーシート用と見られる電気配線がある。当該配線は表面が一部変色しているが、断線や溶痕は認められない。

> **Point** ──
> ・電気配線について注目し、出火の痕跡がないことを示します。

　運転席シートの下のフロアマットは、センターコンソールとの間部分を除き、ほとんど焼きしていない。フロアマットが最も強く焼きしているのは、運転席シートを支える左側シートレール後方付近である。この付近のフロアマットは溶融溶着し、一部は炭化している。これより下方には焼きは認められない。

> **Point** ──
> ・最も強く焼きしている部分について記述します。
> ・最も下方で焼きしている部分に注目します。

　シートレール後方の留めボルト付近にフロアマットとは違う溶融物が認められる。溶融物を取り出すと、黄色の樹脂製品であることがわかる。溶融した樹脂の中には金属部品が認められ、一部は黒く変色しているがおおむね原形を保っている。樹脂部分を観察すると、中央付近から2つに分かれており、その部分が強く焼けている。内部にも炭化が認められる。これ以外に他の焼き物、残渣物は認められない。

> **Point** ──
> ・発見物について発掘順序に沿って記述していきます。
> ・発見物が何であるかについての言及は後段で行います。ここでは見たままを観察として示します。
> ・微小火源の着火物になり得るものの存在を確認します。

　運転席前にはヒューズボックスがある。中のヒューズを確認すると、ヒューズが切れたものはなく、異状は認められない。

> Point ─────
> ・ヒューズについて確認しておきます。

4　復　元

　発掘した黄色の溶融物及び金属部品を復元すると、簡易ライターであることがわかる。類似のライターと比較すると、全く同型であり、風防部品の形状から圧電着火式のものであることが判定できる。

> Point ─────
> ・同型品と比較して溶融物が簡易ライターであることを明言します。
> ・どのような着火方式かを明らかにします。

　同型車において、運転席とセンターコンソールの間に同型簡易ライターを落としてみると、容易に床面に落ち込み、何度か試すとシートレールに至ることがある。

　シートレールに同型簡易ライターを落とし込むと、レールにすっぽりはまり込み、レール後方の留めボルトに点火スイッチが当たる位置に至る。簡易ライターを押すと留めボルトは点火スイッチを押す格好になることがわかる。

> Point ─────
> ・通常の状況で、ライターがその場所に至る可能性があるかを確認します。
> ・想定する状況が起こり得るかを、実際に復元して確認します。

5　関係者の口述

　所有者の○○△男は次のように口述している。

(1)　り災車両は新車で購入してから事故、改造などはなく、通常の使用においても異状は認められなかった。

(2)　車の中ではいつも喫煙するが、吸殻は必ず灰皿にて始末している。ま

た、簡易ライターもいくつか持っている。

(3) 出火当日は、数キロ走行して自宅に戻り駐車した。駐車時に異状は感じなかった。

(4) 駐車時に運転席の窓を少し開けておいたが、施錠はきちんと行った。

(5) 駐車してから数分後、車から煙が出ていたので急いで119番通報した。炎は見えなかったので様子を見ているうちに消防隊が到着したのでキーを渡した。

(6) この車は、エンジンキーを抜くと自動的に運転席シートが電動で下がるようになっている。出火前もその作動は正常に行われた。

(7) 出火後に車室内からなくなっているものはない。置かれた位置も出火前と変化はない。

(8) 駐車場は敷地内なので、通常他人が入り込むことは考えられない。また、人に恨まれる覚えもない。

> Point──
> ・事故歴、改造歴について確認します。
> ・喫煙習慣について確認します。
> ・出火当日の行動について順を追って説明してもらいます。
> ・施錠状況について確認します。
> ・発見時の状況について、発見の動機、発見後の行動などを確認します。
> ・出火に関係しそうな情報を記述します。
> ・車室内への侵入の可能性を否定する内容を記述します。
> ・放火を否定する内容を記述します。

6 リコール等情報

り災車両（△社製型式X－NNZZ　20XX年）にはリコール等情報はない。

> Point──
> ・リコール等情報を確認してその有無を明記しておきます。

7 出火箇所

焼きが運転席左側面後部下方のシートレール後方付近から広がった様相を呈していること、これより下方には焼きがないことから、出火箇所は運転席左側面後部下方のシートレール後方の留めボルト付近と認める。

> Point ——
> ・車両火災は、出火原因と出火箇所が密接に関係していることが多いので、改めて出火箇所を項目として示さなくてもよい場合もあります。

8 出火原因

⑴ 所有者の○○△男は喫煙習慣があり、圧電着火式簡易ライターを所有していること。

⑵ 圧電着火式簡易ライターは、容易に運転席シートとセンターコンソールの隙間から床に落ち、シートレールに至る可能性があること。

⑶ シートレールにはまり込んだ状態でパワーシートが作動すると圧電式簡易ライターは着火する可能性があること。

⑷ 出火箇所から圧電着火式簡易ライターが発見されたこと。

⑸ 出火直前にもパワーシートが作動したと○○△男が口述していること。

⑹ 圧電着火式簡易ライターの内部が燃焼した様子があること。

> Point ——
> ・ライターが存在し得ることを示します。
> ・ライターがシートレールに至り、着火する可能性があることを示します。

⑺ 他の発火源については次のとおり否定できること。

　ア　放　火

　　出火時間が昼間であること、敷地内、車室内に他人が侵入した様子がないことから、放火の可能性はない。

　イ　電　気

　　電気配線、ヒューズなどに異状は認められないことから、電気による出火の可能性はない。

ウ　たばこ

　　○○△男は喫煙習慣があるが、駐車後数分以内に火災に気がついていること、出火箇所付近に微小火源による着火物となり得るものの痕跡が認められないことから、たばこによる出火の可能性はない。

エ　その他に検討すべき火源はない。

> Point ——
> ・他の発火源について検討し、否定します。

　以上のことから、本火災は、運転席シートとセンターコンソールの隙間から落ちた圧電着火式簡易ライターがシートレールにはまり込み、パワーシートによりシートが下がった際、着火スイッチを押す格好になりライターが点火、フロアマットを着火させ、ライター自身も溶融燃焼したため出火したものと認める。

　以下余白

> Point ——
> 結論は、次の項目を明らかにします。
> ・発火源
> ・着火物
> ・出火に至る経過
> ・延焼媒体、延焼経緯

実例ノート No.5 シートレールにはまり込んだライターから出火

センターコンソール　　運転席シート

▲焼き状況

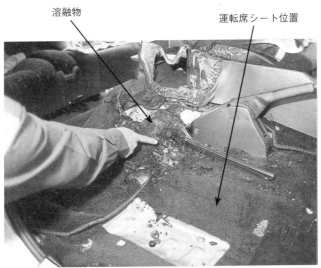

溶融物　　運転席シート位置

▲運転席シートを取り外し溶融物を確認する。

簡易ライター

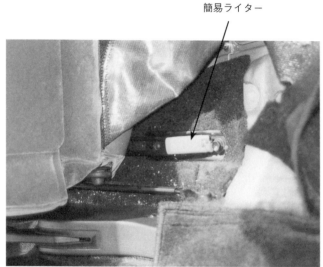

▲復元（シートレールにライターがはまり込む。）

留めボルトが点火
スイッチに当たる。

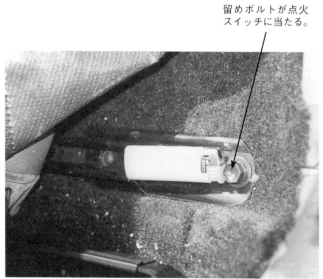

▲復元（拡大）

実例ノート No.5　シートレールにはまり込んだライターから出火

▲溶融した簡易ライター　　　金属部品（風防）

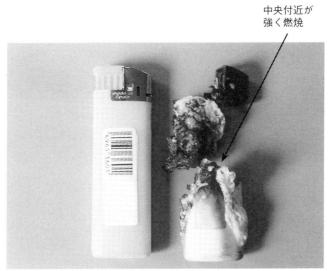

中央付近が
強く燃焼

▲同型品との比較

これでわかる！
実例火災調査書類
【車両火災編】

平成17年3月30日　初　版　発　行
平成27年8月1日　2訂版発行
令和6年3月1日　2訂版5刷発行

編　著　名古屋市消防局
発行者　星　沢　卓　也
発行所　東京法令出版株式会社

112-0002　東京都文京区小石川5丁目17番3号　03(5803)3304
534-0024　大阪市都島区東野田町1丁目17番12号　06(6355)5226
062-0902　札幌市豊平区豊平2条5丁目1番27号　011(822)8811
980-0012　仙台市青葉区錦町1丁目1番10号　022(216)5871
460-0003　名古屋市中区錦1丁目6番34号　052(218)5552
730-0005　広島市中区西白島町11番9号　082(212)0888
810-0011　福岡市中央区高砂2丁目13番22号　092(533)1588
380-8688　長野市南千歳町1005番地
　　　〔営業〕TEL 026(224)5411　FAX 026(224)5419
　　　〔編集〕TEL 026(224)5412　FAX 026(224)5439
　　　https://www.tokyo-horei.co.jp/

© Printed in Japan, 2005
　本書の全部又は一部の複写，複製及び磁気又は光記録媒体への入力等は，著作
権法上での例外を除き禁じられています。これらの許諾については，当社までご
照会ください。
　落丁本・乱丁本はお取替えいたします。
ISBN978-4-8090-2545-7